CSR入門講座　全5巻

第1巻
CSRの基礎知識

corporate social responsibility

松本　恒雄　監修
田中　宏司　著

監修のことば

　21世紀に入って，CSRという言葉が出現したかと思うと，急速に産業界及びその周辺において市民権を得た感がある．「企業の社会的責任」という言葉は，公害問題が深刻化した1970年代には，公害排出企業にはたとえ法的責任はなくても，社会的責任はあるはずだという文脈で使われたが，現在のCSRは，「社会に対する責任」という意味合いが強い．ここでの「社会」は，企業を取り巻く多様なステークホルダー（株主，従業員，消費者，取引先，地域住民，NPO等）という言葉に置き換えることができる．このような意味での責任感を欠き，ステークホルダーからの信頼を得られない不誠実な企業が市場から放逐されるという例が増えている．従来，別々のものとして考えられていた環境問題，雇用問題，消費者問題，人権問題，企業統治，地域貢献などが，CSRという横軸を通すことによって，企業にとって共通のものとして浮かび上がってくる．CSRは，これからの企業の存続，発展にとって戦略的に重要な課題となっている．

　本講座は，CSRに関心を持つ初心者のために，基礎的なことがらをコンパクト，かつ平易に解説するものである．その際，実務者に役立つように，「ステップアップ形式」を取り入れている．すなわち，第1巻でCSRの基礎的知識を知り（ステップ1），第2巻で実際にCSR概念を組織に取り入れ（ステップ2），第3巻でCSR活動結果をレポートし（ステップ3），第4巻・第5巻でCSR活動の測定・評価について知る（ステップ4）という順に実践できるよう配慮されている．

　CSRにとっては，その結果のみならず，プロセスがきわめて重要である．CSRの意識をもち，社内外のステークホルダーとそのための議論をすること自体が，CSRの実践でもある．

一人でも多くの企業人がCSRに関心を持ち，そのための取組みに一歩を踏み出されることを強く期待する．

2005年5月

一橋大学大学院法学研究科教授
ISO/SR国内対応委員会委員長
松 本 恒 雄

はじめに

　CSR（企業の社会的責任）は，社会と企業の持続的発展を目指す"新しい経営"であり，時代の潮流となっている．大企業だけでなく中小企業においても，社会から支持され信頼されて，事業が繁栄することが最も望ましい姿である．それだけに，企業だけでなく，私たち一人ひとりがそれぞれの立場で，CSRに関心を持ち，CSRを推進することが，地球市民としての責務である．

　本書は，CSR入門講座の第1巻目となる『CSRの基礎知識』として，初心者が実践に活用できるように，基礎的な事柄をコンパクトに，平易で読みやすいように解説している．

　読者がCSRについて知りたいと思う主要なキー項目を選定して，それぞれを読み切りで完結するように心がけた．したがって，読者は，第1章から順に読み進むのはもちろんのこと，興味のある箇所，参照したい項目を自由に選択しても読めるように工夫を凝らした．読者は，CSRについて既存の参考書では味わえない便利さを楽しみながら，重要なポイントを容易に理解できるだろう．

　本書は，4つの章から成り立っている．

　第1章では，CSRについて歴史的背景，企業の経営理念との関係，CSRの本質である持続的発展，ステークホルダーとの対話，国際規格化の動きなど，CSRをざっと俯瞰する．

　第2章では，CSRの実践活動について，コンプライアンス・企業倫理やコーポレート・ガバナンスをはじめ，誰でも関心のある地球環境保全問題，製品・サービスの提供，社会貢献活動などを解説する．

　第3章では，CSR推進体制の構築をテーマに，経営トップのリーダーシ

ップ，企業内のコンプライアンスやコーポレート・ガバナンス体制，CSR 推進体制，CSR 報告書の傾向などについて，具体的に説明する．

第 4 章では，CSR 活動に対する社会からの評価についてまとめる．具体的には，市場における社会的責任投資，情報開示としての CSR 報告書の機能について説明する．さらに，新しい経営観にリードされて，CSR の推進が企業ブランド価値の上昇とステークホルダーからの信頼の構築につながることを提唱する．

本書は，筆者が，経済産業省・日本規格協会主催の「CSR 標準化委員会」「ISO/SR 国内委員会」の委員としての分析・討議をはじめ，日本経営倫理学会，経営倫理実践研究センター主催の CSR 研究部会における産学共同の研究・討議，立教大学大学院における研究などを生かして，執筆した．

本書の作成に当たっては，内容の企画，項目の選定から素晴らしい見ごたえのあるイラストなど，日本規格協会の書籍出版課長石川健氏，須賀田健史氏をはじめ，関係者からご協力を頂き，心から感謝している．

本書が，CSR を推進しようとする方々に少しでもお役に立ち，随時お読みいただければ幸いである．

2005 年 4 月

田 中 宏 司

目　次

監修のことば 3
はじめに 5
主要キーワードの解説 9

第 1 章　CSR とは

1.1　CSR の歴史と背景 17
1.2　CSR の意味と企業理念 21
1.3　21 世紀の企業─社会から信頼される企業像 25
1.4　企業の持続的発展とは 29
1.5　わが国企業の CSR 動向 33
1.6　コンプライアンス経営を基盤とした CSR の推進 38
1.7　企業におけるステークホルダー 41
1.8　CSR コミュニケーションとは 46
1.9　海外の CSR 最新事情 49
1.10　国際標準の動き 53

第 2 章　CSR の具体的な実践活動〜何をなすべきか〜

2.1　コンプライアンス・企業倫理 57
2.2　コーポレート・ガバナンス 62
2.3　地球環境保全対策 66
2.4　人権・労働配慮 70
2.5　経済活動と製品・サービスの提供責任 73
2.6　社会貢献活動 77

第3章 CSR 推進体制の構築

- 3.1 経営トップのリーダーシップとコミットメント 81
- 3.2 企業内のコンプライアンス（法令順守）体制 86
- 3.3 コーポレート・ガバナンス（企業統治）の強化 91
- 3.4 CSR 推進体制を作るための基本的なステップ 96
- 3.5 内部監査の機能強化 100
- 3.6 CSR 報告書を読み解く 103

第4章 CSR 活動の評価

- 4.1 CSR 活動の外部評価〜社会的責任投資（SRI）〜 107
- 4.2 CSR 活動情報の開示〜 CSR 報告書〜 112
- 4.3 経営者の新しい経営観 115
- 4.4 企業ブランド価値の上昇 119
- 4.5 ステークホルダーからの信頼の構築 122

参考文献 125
索　　引 126

主要キーワードの解説

ISO（International Organization for Standardization）
＝国際標準化機構

ISOとは，スイスにおける法人格を有している非政府機関であり，国家標準化機関の連合（1947年設立）で，工業品などの国際規格（例えば，品質管理のISO 9000，環境管理のISO 14000など）を制定する国際組織である．2004年6月のストックホルム国際会議において，CSR規格（SR規格）を策定することを決定した．

委員会等設置会社

2003年4月施行の商法特例法改正により，新しく導入が認められた米国型の企業統治形態である．企業経営を監督する「取締役」と業務を執行する「執行役」とを明確に分離している．「指名委員会」「報酬委員会」「監査委員会」の3つの委員会を設置することになり，各委員会メンバーの過半数は社外取締役であることが，求められている．

SRI（Socially Responsible Investment）＝社会的責任投資

一般的に，収益性や成長性などの財務分析に加えて，社会性や倫理性も考慮して社会貢献度の高い企業を選別・評価する投資活動をいう．従来，「投資対象を評価する際に，財務的要素に環境的要素や社会的要素を加えて評価し投資する」（狭義）という意味に使われていたが，次第に「投資対象を評価する際に，CSRの要素を考慮して投資する」というように広い意味に使われている．

SR規格（社会的責任規格）

ISOでは，CSRについては定義を定めず，「組織活動の経済，環境，社会的インパクトの相互関係を含む」との考え方から，対象となる組織

を特定しない．"Corporate"との用語を用いず，「"Social Responsibility"（SR）に統一する」としている．したがって，ISOでは，CSR規格ではなく，「SR規格」となる．

監査役設置会社

従来型と呼ばれる企業統治形態である．取締役が，意思決定機関としての取締役会の構成員であるとともに，執行機関としての役割も有している．一方，監査役は，取締役の職務を監査するほかに，監査役会を構成して，監査方針の決定や組織的・効率的な監査を行う．トヨタ自動車，キヤノンなどの大企業，中堅・中小企業の大半が，この形態を取っている．

企業行動憲章

日本経済団体連合会が，1991年に「経団連企業行動憲章」として制定し，その後1996年，2002年と企業不祥事の発生と社会環境の変化などを反映して改定した．現行のものは，2004年5月にCSRの視点から改訂，「企業行動憲章―社会の信頼と共感を得るために―」として発表されている．

企業理念

企業理念とは，創業の精神に基づき，事業活動の領域や企業が重視する企業使命，価値観，社会的役割などを明示したもので，企業の基本的な経営姿勢をいう．一方，社是・社訓，経営理念は，企業経営について，企業及び経営者の信条・信念・理想・哲学・ビジョンなど，価値観・物の考え方を意味する．両者は，ほぼ同意語に使われている．

京都議定書

京都議定書は，1997年の気候変動枠組み条約第3回条約国際会議（地球温暖化防止京都会議）で採択され，2005年2月16日に発効した．1998年～2012年時点で，先進諸国が削減すべきCO_2，メタンなどの温室効果ガス量（1990年基準）や，排出量取引などの仕組み，いわゆる「京都メカニズム」を取り決めている．

国連グローバル・コンパクト (The Global Compact)

国連のアナン事務総長が 1999 年の「世界経済フォーラム」（ダボス会議）で提唱した企業行動原則である．「人権」「労働」「環境」の 3 分野の 9 原則であったが，2004 年 6 月に「腐敗防止」に関する原則が追加され，現在は 4 分野・10 原則となっている．参加する企業は，これらの原則を支持し実践する．

コーポレート・ガバナンス (Corporate Governance) = 企業統治

企業経営に際して，経営の意思決定を透明性，迅速性をもって行うとともに，経営者の事業経営を適切に監督・評価し，動機づけを行っていく仕組みのこと．CSR の視点からは，経営者の不正行為，従業員の違法行為などの防止や，広報活動などによる経営の透明性の確保，ステークホルダー（利害関係者）との良好な関係の維持など，企業の持続的発展を担保する仕組みを意味する．

コンプライアンス (Compliance) = 法令順守

コンプライアンスは，一般的に「服従，応諾，承諾，追従」「関係者の願い・要請などに対応する」などの意味で使われている．一方，産業界では，「法令順守」「法令等順守」「法規範・社内規範・社会規範の順守」という意味に使われている．このように，コンプライアンスは，狭義には「法令順守」を意味するが，最近では，コンプライアンス体制の整備を包含して，「法令順守や社内諸規則・業務マニュアルの順守に加えて，社会規範，倫理の順守」を含めて，広い意味で使われている．

サプライ・チェーン・マネジメント (supply chain management)

企業が取引先との関係で，資材調達，生産，発注，販売流通，在庫管理，リサイクルまでの一連の物の流れ（サプライ・チェーン）を，IT を利用して，一つの組織体のように総合的に管理することをいう．CSR の推進においては，関係企業における法令等順守，品質管理，人権尊重，公正な労働条件，環境保全対策などへの取組みを求めている．

CSR（Corporate Social Responsibility）＝企業の社会的責任

　　一般的に，「企業が社会の一員として，社会に対して果たすべき役割と責任」を意味する．詳しくは，企業が社会の一員として，社会と企業の持続的発展を目指して，経営戦略の中核に位置づけ，さまざまなステークホルダーとの相互交流を深め，経済・環境・社会問題について，社会の信頼を得るために果たすべき自主的取組みである．CSR の推進には，商品・サービスの提供，コンプライアンス，コーポレート・ガバナンス，環境への配慮，人権，労働，社会貢献活動など，企業規模や業種により多種多様な取組みがある．

CSR 委員会

　　企業が CSR を推進するための組織横断的な委員会である．これまでのコンプライアンス，環境問題，社会貢献等の個別的部署を統合化，体系化して経営戦略に織り込み，成果を上げるための組織である．CSR 委員会のほかに，CSR 部・室を設置する企業もある．

CSR 会計

　　CSR 活動に使用した費用とそこから得られた成果を「費用対成果」という視点から，会計的に収支分析し評価する新しい手法である．

CSR 報告書

　　CSR 活動についての情報開示は，これに特化したレポートを発行することが一般的である．報告書の名称は，「環境報告書」「環境・社会報告書」を基本に発行されてきたが，最近では，次第に CSR の視点から社会面での記述を加えて，「社会・環境報告書」「サステナビリティレポート」「CSR レポート」「CSR 報告書」を発行する企業が増加している．「年次報告書」が財務情報を中心としたものであるのに対して，CSR 報告書は，非財務情報を中心に企業活動を総括した報告書である．

持続可能性（sustainability）＝サステナビリティ

　　組織が，トリプル・ボトムラインの経済，環境，社会の 3 つの側面における活動をバランスに配慮しながら，持続的に発展することをいう．

特に，地球の環境許容量への配慮を強く意識する考え方である．

GRI（Global Reporting Initiative）
= グローバル・リポーティング・イニシアチブ

GRIは，オランダに本拠を置く環境や社会的責任への取組みを含む報告書のガイドラインを作成している団体である．企業は，ステークホルダーへの説明責任や情報公開の手段の一つとして，報告書の作成が求められる．GRIは，経済・環境・社会の3要素（トリプル・ボトムライン）について，持続可能性報告書作成のガイドライン（サステナビリティ・レポーティング・ガイドライン）を提供している．

情報開示（disclosure）= ディスクロージャー

一般的に，企業が投資家等に対して財務内容などを公開することを意味する．近年では，ステークホルダー（利害関係者）に対して，自らの情報を公開することをいう．

循環型社会

地球の環境許容量の制約を前提に，有限な資源を再利用しながら有効活用し，地球環境への負荷を低減する社会を意味する．その基本は，いわゆる3R―廃棄物発生の抑制(reduce)，製品の再使用(reuse)，再利用(recycle)―といわれている．

ステークホルダー（Stakeholder）= 利害関係者

ステークホルダーとは，企業の経営活動の存続や発展に何らかの利害関係を有する主体をいう．具体的には顧客・消費者，従業員，株主・投資家，地域社会・地球環境，取引先，競争企業，関係金融機関，業界団体，政府関係者，NGO・NPOなど企業を取り巻くさまざまな利害関係者を包含している．さらに，ステークホルダー・マネジメントは，企業を取り巻くさまざまな利害関係者とのバランスと，調和のある良好な関係を構築することにより，企業の経営変革を促進して，持続的に発展させる経営手法をいう．

ステークホルダーとの対話

それぞれのステークホルダーが，経済的側面，環境的側面，社会的側面における企業活動について，どのような要請，期待を持っているか確認するために，企業がステークホルダーとの間で行うコミュニケーション，対話などを指して，ステークホルダーとの対話（ステークホルダー・ダイアログ）という．企業は，ステークホルダーとの率直な対話をもとに，相互理解を深め，バランスと調和のある良好な関係や信頼関係を築くことができる．

誠実（integrity）＝インテグリティ

インテグリティは，一般的に，「誠実さ，高潔，清廉，完全な状態」などを意味し，わが国では「誠実，誠実性」と訳している．CSRにおいては，誠実な企業活動が求められており，「誠実な企業」であることが，持続的発展の前提と考えられる．

説明責任（accountability）＝アカウンタビリティ

企業活動により，影響を受けるステークホルダーに対して，その活動の経過や内容を報告し説明する責任をいう．一般的に職務上，必要な権限などが与えられることに対して，当然求められる義務である．

トリプル・ボトムライン（Triple Bottom Line）

「企業活動を環境価値，経済価値，社会価値の3局面とそれらのバランスを維持しながら高めるよう，経営戦略として積極的に取り組むことを評価する」考え方である．英国のSustainAbility社（環境コンサルティング会社）のジョン・エルキントン氏が，提唱した．ボトムラインとは，本来決算書の最終行（ボトムライン）に，収益，損失の最終結果（損益計算書に掲載）が示されていることを意味している．

内部監査

組織内部の監査人，監査部署による経営者のために行う監査をいう．企業組織における内部統制のツールとして，企業資産の保全，会計処理の正確性，信頼性確保のために経営方針，関係法令，組織内各種規則等

にのっとり，行う．

PDCA サイクル

　企業活動に際して，「Plan；計画や目標作成→ Do：実施と運用→ Check；監査と評価→ Action；見直しと改善」という一連のサイクルを機能させる経営手法をいう．

倫理ヘルプライン（倫理ホットライン）

　関係法令や行動基準の順守などについて，社内において通常の業務報告ラインとは別に，自由に相談・照会・通報ができる相談窓口や制度をいう．企業内で起こることは，企業内でいち早く見つけて，迅速に対応し改善する"自浄作用"が基本である．最近では，社内ラインのほか社外（法律事務所，専門会社等）へのラインを設置する企業が増えている．2006年4月には，公益通報者保護法が施行されたので，企業にとり，倫理ヘルプラインの整備と運営は，重要性を増している．

SDGs（Sustainable Development Goals）＝持続可能な開発目標

　2030年にむけて2015年9月に国連で持続可能な社会の実現に向けて採択された国際統一目標である．SDGsは，基本理念として「大変革」と「誰も置き去りにしない」を掲げ，「世界中の皆で目指す，永続的な社会・地球環境を構築するための目標」として，貧困，飢餓，保健等17の目標と169の具体的なターゲットから成り立っている．

第1章 CSRとは

corporate social responsibility

1.1 CSRの歴史と背景

(1) わが国におけるCSRの流れ

近年における世界の潮流をみると，グローバリゼーションや情報技術の発展，国際市場における競争激化，消費者・顧客，NGOなどから企業行動への厳しい批判などを反映して，欧米をはじめ，わが国において，企業の社会的責任（CSR: Corporate Social Responsibility）に対する関心が急速に高まり，広範囲に拡大している．

企業の社会的責任は，欧米においては，CSRと呼ばれている．わが国においても，企業の社会的責任は，以前から議論されてきた古くて新しいテーマである．現在，企業の社会的責任とCSRという用語が共に使われているが，これまでの企業の社会的責任という考え方が底流にあるものの，世界的な潮流を反映して，"進化した考え方"としてCSRという言葉のほうが多く使われている（以下，原則としてCSRを統一して使用）．

わが国におけるCSRに関する代表的な思想の流れを見ると，次のように江戸時代から類似の考え方や思想があったが，現在の論議されているようなCSRという明確な概念はなかった[*1]．

① 石田梅岩（江戸中期の儒学者，「石門心学」の祖）は，「実の商人は，

[*1] 経済産業省『企業の社会的責任（CSR）に関する懇談会 中間報告書』(2004)等を参考にまとめた．

先も立ち，我も立つことを思うなり．」と商人の商行為の正当性を説いた．
② 近江商人（江戸時代から明治期）は，「売り手よし，買い手よし，世間よし」との「三方よし」の理念に基づき商売をした．
③ 二宮尊徳（江戸末期の篤農家，徹底した実践主義者）は，「道徳なき経済は罪悪であり，経済なき道徳は寝言である．」として，報徳思想を説いた．
④ 福沢諭吉（思想家，教育者．慶応義塾の創設者）は，独立自尊と実学を鼓吹した．
⑤ 渋沢栄一（明治から昭和にかけての実業家，財界の大御所として活躍）は，「事業という以上は，自己を利益すると同時に社会国家を益することでなくてはならぬ．」と主張した．

さらに，戦後になると，1960年代以降社会・経済における時代特有の事件をきっかけにして，次のようにCSRの萌芽（ほうが）が芽生え，次第に現在のCSRへと発展してきている[*2]．

1960年代は，高度経済成長の過程で，公害問題が深刻化したことから，企業不信が高まり，住民運動が活発化して，企業の社会的責任が問われた．

1970年代は，日本列島改造論を背景に土地や商品投機が高まり，石油ショック（1973年）後の利益至上主義に走った企業行動に対して，全国的規模で企業に対する批判が高まり，公害対策や利益の還元など社会的責任を具体化する対策が見られた．

1980年代は，バブル経済の拡大する状況下，CSR論議が低迷するなかで，総会屋への利益供与事件など不祥事が発生した．その後，プラザ合意（1985年）に伴う急激な円高の進行，地価高騰，国際化の進展などにより，欧米との生活状況の相違が浮き彫りになった．この結果，企業の社会的貢献

[*2] 川村雅彦，日本の「企業の社会的責任」の系譜（その1），『ニッセイ基礎研レポート』2004年5月号を参考にした．

活動が活発化し，メセナ（文化，学術支援活動），フィランソロピー（社会貢献活動）が盛んになった．

1990年代には，バブル経済の崩壊の過程で，大手証券会社の損失補てん事件，大手証券会社，銀行の破綻など企業不祥事が発生した．こうした背景のもと，経団連が1991年に「企業行動憲章」を策定，さらに社会環境の変化などを反映して改定（1996年）した．この間，リオサミット（1992年）における地球環境問題が顕在化して，環境保全対策が急務となった．

2000年代に入ると，地球環境対策が重要な課題となり，循環型社会[*3]が期待されようになった．さらに，企業不祥事が多発して，企業の社会的責任が厳しく問われたことから，先進企業中心にCSR担当部署を設置して，本格的にCSRの実践に取り組み始めている．

(2) CSRの世界的な潮流の背景

このようなわが国におけるCSRの動向は，次のような世界的な潮流がその背景にある．

第1に，急速なグローバル化の進展である．世界的なグローバリゼーションの進行は，社会・経済に激しい構造変化をもたらしている．この結果，先進諸国に対して，発展途上国やNGOから，貧富の格差拡大，環境破壊への対策，先進諸国中心の国際貿易ルールなどについて，さまざまな批判が発生している．

第2に，企業不祥事等に対する社会からの厳しい企業行動批判の高まりが見られる．従来の利益万能主義や会社中心主義を是正して，節度ある企業活動，ビジネスの公正さなど経営の変革を求める機運が強まっている．

第3に，CSRが，市場における企業評価の手段として，「社会的責任投資」（SRI: Socially Responsible Investment）が，急速に脚光を浴びている．こ

[*3] 限られた資源を再利用しながら有効に活用し，環境への負荷を極力減少させる社会．

れは，収益性や成長性だけでなく，社会性や倫理性も考慮して社会貢献度の高い企業に投資することをいう．すなわち，企業を財務業績だけでなく，新たに社会的・倫理的視点を加えて総合的に評価して，株式や社債への具体的な投資活動を通じて，優れた企業を支援することを目指している．

第4に，先進諸国において，企業の社会的責任への取組みを支援するような幅広い対応が実施されている．株式上場規則の改正，年金制度の改正，政府の消費者重視政策の推進などである．

第5に，一般社会人が，公正な企業行動，良き企業市民の考え方を実行する企業を評価し，"社会から信頼される企業"を選択する動きが出ている．

第6に，欧米諸国中心に，企業の社会的責任に関する国際基準，国際規格，ガイドラインなどを制定する活動が活発化している．

したがって，わが国におけるCSRの動向は，上記の世界的な潮流を反映しており，単純な"一過性のブーム"に終わるものではない大きなうねりと考えられる．

1.2 CSRの意味と企業理念

(1) CSRの意味

CSRについて，国際的に統一された定義はまだない．従来から有名な定義としては，「企業にとって社会的責任とは，利潤を拡大させることである．」（M. フリードマン，米国経済学者）がある．わが国においても「利益と納税が企業の最大の社会的責任」との見解がある．しかしその後は，「企業を原点に社会を見る態度から，社会に原点を置いて企業を見る．」（木川田一隆，元東京電力会長，経済同友会代表幹事）「企業は，金儲けを越えた社会的使命を持つ．」（長瀬富郎，花王二代目当主）と次第に変化している．

最近のCSRに関する代表的な定義や見解を見ると，次のとおりである．

● 欧州委員会「EUホワイトペーパー」（2002年）

「責任ある行動が持続可能な事業の成功につながるという認識を，企業が深め，社会・環境問題を自発的に，その事業活動およびステークホルダーとの相互関係に取り入れるための概念」

● 経済同友会（2003年第15回企業白書『「市場の進化」と社会的責任経営』）

「CSRは，企業と社会の相乗発展のメカニズムを築くことによって，企業の持続的な価値創造とより良い社会の実現を目指す取組みである．その中心的キーワードは，持続可能性（sustainability）であり，経済・環境・社会のトリプル・ボトムラインにおいて，企業は結果を求められる時代になっている．」

● 小林陽太郎（富士ゼロックス会長）[*4]

「企業の社会に対する責任である．CSRは，企業経営の一部ではなく，

[*4] 週刊東洋経済「対談CSRのポジション」『環境・CSR経営』臨時増刊2004年9月8日号

企業経営そのものであり，経済面，環境面，社会面の3つの責任を果たしてはじめて，企業の社会に対する責任を全うすることができるのです.」

CSRについての世界的潮流と上記の定義や見解を要約すると，CSRとは，「企業が社会の一員として，社会に対して果たすべき役割と責任」を意味しており，詳しくは「企業が社会の一員として，社会と企業の持続的発展を目指して，経営戦略の中核に位置づけ，さまざまなステークホルダーとの相互交流を深め，経済・環境・社会問題について，社会の信頼を得るために果たすべき自主的取組みである.」とまとめることができる.

(2) 企業理念は企業経営の羅針盤

企業は，グローバル企業（多国籍企業），市場に上場されている公開大企業，上場されていない大企業（例えば，富士ゼロックス，サントリーなど），中小企業など，さまざまである．企業規模の大小に関係なく，すべての企業は，創業の精神，企業理念，社是・社訓，経営理念などを持って，企業経営を行っている．

CSRは，経営戦略の中核に位置づけて実践するものであるだけに，企業理念，社是・社訓，経営理念などとの関係が重要となる．企業理念とは，「創業の精神に基づき，事業活動の領域や企業が重視する企業使命，価値観，社会的役割などを明示したもの」である．一方，社是・社訓，経営理念は，「企業経営について，企業及び経営者の信条・信念・理想・哲学・ビジョンなど，価値観・ものの考え方」を意味する．両者は，ほぼ同意語に使われている（以下，経営理念の意味も含めて企業理念を使用）．

最近，経営トップが「ミッション・ステートメント」（企業使命宣言書）を明示する事例もある．これも，企業理念，経営理念とほぼ同様なものである．主要点は，第1に価値として，行動基準の背後にある信念，道徳律，倫理観を説明し，第2に目的として，組織がそもそも存在し，存立する理由を述べ，誰の利益のために企業努力を投入するかの関係を明示し，第3に，戦略として事業の性質，他の会社と比べて望ましいポジショニング，競

争上の優位性などを要約したうえで，第4に，行動基準として，企業独自の規範や規則を明示している．

このように企業理念は，CSRを実践するに際して，経営戦略の策定や意思決定をする際のよりどころとなり，組織の全メンバーが行動を起こすときの精神的支柱として，諸活動の基本方針となる．CSRは，企業が本業を通じて社会に対し責任を果たすことであるので，企業理念や経営理念が企業活動における"羅針盤の役割"を担う．企業理念には，第1に，創業の精神，企業使命，企業理念，価値観など長期的に守るべき理念や哲学，第2に，事業目的，経営方針など，第3に，行動指針や行動基準・規範などの本質を包含している．

(3) CSRの推進と企業理念

企業にとり，CSRが社会の一員として果たす役割と責任であるということは，"企業理念の実践こそが，CSRの実践になる"ことを意味している（図1.1参照）．

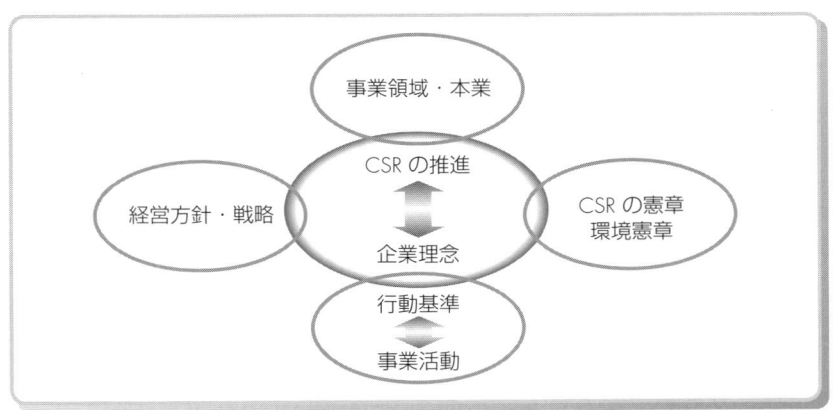

図1.1　CSRの推進と企業理念

先進事例を具体的に見てみよう．

資生堂（1872年創業）は，創業の精神「美と健康を通じて，お客さまの

喜びを目指し，ひいては社会のお役に立つ」と企業理念（企業使命・事業領域，行動規範）を受けて，これまでの「資生堂企業行動宣言」を2004年に「CSR憲章」としている．このもとに，「資生堂企業倫理・行動基準」を一人ひとりの行動のガイドラインとして，日常の業務活動を行っている．

　資生堂は，CSR領域を，次のようにまとめている[5]．

　第1に，「基本的CSR」として，お客様，取引先，株主，社員との対話により，「経済的役割」を果たす．その内容は，高品質商品・サービスの提供，社員重視，取引先とのパートナーシップ，利益の配当，納税・雇用機会提供，企業存続，法令順守を例示している．第2に，社会との関連で，「社会・環境的役割」は果たす．その内容は，「基本的CSR」と重複する法令順守を基礎に，「戦略的CSR」として，環境保全・情報開示・個人情報保護・人権擁護を行うとともに，社会貢献活動を推進し，これらの活動を通して，新しい市場創造，新しい価値観を提示することを目指す．

　リコーの場合も，創業の精神「人を愛し，国を愛し，勤めを愛す」（三愛精神）に基づき，経営理念「私たちの使命，私たちの目標，私たちの行動指針」を制定し，このもとに，「CSR憲章」及び「環境綱領」を制定し，環境経営を基軸にして，日々の業務活動を展開している[6]．

　リコーは2004年から，社会から愛され，存続を望まれる企業を目指し，その活動を「環境」（環境経営報告書），「社会」（社会的責任経営報告書），「経済」（アニュアル・レポート）の3つの報告書で開示している．

　これらの事例に見られるように，企業は，創業の精神や，企業理念に基づき，CSRを推進している．それぞれの企業がステークホルダーとの対話を通じて具体的な課題を確認し，企業としてそれぞれの経営判断のもとに，社会の一員として，自社の企業理念の示されている思想，哲学，志，ビジョンに基づき，自主的に取り組み，実践することが，CSRの推進になる．

---

[5] 資生堂（2004）『資生堂CSRレポート2004』p.7, 資生堂CSR部
[6] リコー（2004）『リコーグループ社会的責任経営報告書2004』pp.5-6, リコーCSR室

1.3　21世紀の企業—社会から信頼される企業像

(1) これまでの企業像

　従来，企業は，優れた商品・サービスを通じて，社会に経済的な価値を提供することが使命であり，企業活動を通じて得た「利益のうちから納税する」ことが社会的責任を果たすことであるといわれてきた．したがって，メセナ，フィランソロピーなどの社会的貢献活動は，企業として付属的な役割であり，"経費"であるとみなされた．

　1960年代から1970年代にかけての全国的な公害問題の発生や第1次石油ショック時の企業行動に対する批判などのほか，その後，企業不祥事が発覚するたびに，短期的利益のみを追求する企業経営のあり方に社会から厳しい批判が浴びせられた．例えば，①環境破壊，不法廃棄物投棄，公害，多量な化石燃料消費による二酸化炭素の排出量の増加など環境問題の深刻化をはじめ，②長期不況によるリストラの進行に伴う失業率の上昇，サービス残業の増加，セクシャルハラスメントの多発，労働環境の悪化など人権・労働問題，③産地偽装，商品偽装表示，商品・サービスの安全と安心の喪失といった消費者問題などに対して，利益至上主義，会社中心主義に偏っているとして，企業のあり方について変革が求められている．

(2) アンケート調査に見るビジネスパーソン意識の特徴

　新しい企業像を探るに際して，わが国ビジネスパーソン（企業人）の意識と企業の実態，CSR活動状況と意識などについて，日本経済新聞社が2003年12月に発表した「企業の社会的責任に関する意識調査結果報告書」に基づき，実情を見ると，次のとおりである．

　企業活動について「あてはまる・まああてはまる」と回答したのは，「企業が地球環境に配慮するのは当然の責務である」が最も多く94.1％．次いで「今後，従業員や社会を軽視する企業は存続できない」89.8％，「企業は，

事業活動をはじめとした自社の情報活動を積極的に行うべきである」87.9％，「企業は環境対策や社会貢献活動には多くの労力を傾けるべきだ」84.9％，「企業は地域社会，市民との交流を積極的に行っていくべきだ」81.1％と，8割を超えた．

次に，ビジネスパーソン自身の「行動や意識」について，「あてはまる・まああてはまる」と回答したのは，「将来の世代のために環境に配慮した生活をしていきたい」が89.4％と抜きん出て多い．次いで，「製品やサービスを購入する際に，環境に配慮したものか気にしている」64.1％，「購入後長く使用する製品については，製造元の企業姿勢を考慮して選ぶ」62.0％と6割を超えた．

勤務先の企業で「実行しているもの」としては，「消費者からの要望やクレームを製品・サービスの改善に活かしている」が74.9％と最も多く，次いで，「社員の健康配慮，健康施策（メンタルヘルスなど）に積極的に取り組んでいる」71.1％，「環境に配慮した製品・サービスを提供している」67.4％が多い．しかし，「社員のボランティア活動を支援している」30.5％，「市民団体やNPOの環境保全活動を支援している」25.8％と低い水準にとどまっている．

(3) 社会から信頼される企業像

21世紀における企業は，コンプライアンス・企業倫理やコーポレート・ガバナンスの体制構築と実践を基盤にして，さらにCSRの実践により，社会から信頼される企業になることが求められている．

有力な企業経営者の「良い経営」[*7]に対する見解のなかから，主なものを要約して企業の具体像を考えたい．

●トヨタ自動車専務　渡辺浩之氏

「自動車業界の環境への取組みは，1970年代の公害問題に原点がある．

[*7] 日本経済新聞社「良い経営～私のCSR論～」2004年9月7～16日，7回連載．

……環境への対応が経営そのものになっていく中で，海外を含めた取組み体制を強化していく.」

「愚直なほどまじめなモノづくりと，改善を加えて革新する姿勢が，トヨタの企業風土だ．クリーンで安全な商品の提供を通じて，豊かな社会の実現を目指すのは，企業の社会的責任（CSR）といえるのではないだろうか.」

●資生堂社長　池田守男氏

「1921 年（大正 10 年）から『消費者』『共存共栄』など，CSR（企業の社会的責任）の精神を社是に，脈々と取り組んできた．株主や取引先，顧客からの信頼が会社存続の必須条件と考える源流だ．……」

「グループ企業で約 2 万 5 千人いる社員の 7 割が女性だが，管理職に占める比率は 1 割にすぎない．女性管理職を 3 割にするという目標を 10 年以内に達成したい．……」

「顧客など外部からの信頼がなければ，企業ブランドも商品ブランドも成り立たない．社員の 7 割を占める女性がいきいきと働き，自己実現できるような会社にすることが当社にとっての CSR の実践で，それが信頼獲得とブランド構築につながる.」

●ソニー副社長　真崎晃郎氏

「ソニーは執行役員制の導入や委員会等設置会社への移行などコーポレート・ガバナンス（企業統治）の改革を進めてきた．経営の健全性や妥当性を監督するのが目的だ．企業の社会的責任（CSR）も本質は同じ．……」

「ただ，抽象的な議論で止まっていられない．今後は，グループ共通なテーマに取り組む．雇用や人権，多様性といった問題で目標を定めて企業体質を改善する．……」

●リコー社長　桜井正光氏

「企業の社会的責任（CSR）とは価値創造にほかならない．活動をコストや経費の節減，新市場の創出など，リターンに結び付けることが必

要だ．持出しばかりのフィランソロピー（社会貢献）とは違う．……」

「CSRには経営理念や，ビジョン，重点項目，展開方法など，独自性自体が大きな経営戦略だ．……」

このような「良い経営〜私のCSR論〜」における見解を手がかりに，21世紀のあるべき企業を探ると，次のようにCSRを具体的に実践することにより，「社会から信頼される企業像」が浮き彫りになる．

① 社会と企業双方の持続的発展のために社会的責任を重視する．
② CSRは，経営戦略の中核に据えて，経営理念に基づく事業活動であり，"投資"である．
③ ステークホルダーとの対話による合意を踏まえて，適正で誠実に行動してこそ信頼を得る．
④ CSRを受け身としてとらえず，本業を通じて「自主的な取組み」を基本にし，積極的な事業活動を展開すべきである．
⑤ ステークホルダーに対して情報開示と説明責任を果たす．
⑥ 次世代へ引き継ぐ貴重な地球環境を保全する活動を最優先する．
⑦ 社会の要請に応じて，社会貢献活動に積極的に取り組む．

1.4　企業の持続的発展とは

(1)　CSR の本質とサステナビリティ

現在の CSR の理念の一つとなっているものに，サステナビリティがある．サステナビリティ（Sustainability）とは，一般的に「持続可能性」「持続的発展」と訳されている．

企業は，社会の一員として，事業の繁栄と企業の発展を目指して日々の事業活動を行っている．高度成長時代のように，地球環境の制約を考えずに，"持続的に成長できる時代" は既に終わっている．したがって，サステナビリティは，地球市民として，"地球の環境許容量" を前提にして，経済，環境，社会の3つの側面で，良いバランスに配慮しながら，"持続的な発展を目指す" と考えることが大切である．

1987年に「環境と開発に関する世界委員会」［国連環境特別委員会，委員長ブルントラント・ノルウェー首相（当時）］が，報告書「Our Common Future」を公表した．この中で，「持続的開発（Sustainable Development）～将来の世代のニーズの充足を阻害することなく，現代の世代のニーズを満たすような進歩のための方策」が提唱されている．これがその後の持続的可能性（Sustainability）という言葉になっている[*8]．

さらに地球規模で考えると，持続的な発展は，①先進諸国と発展途上国との間のさまざまな格差を克服又は解消し，われわれの地球社会が，人間としての尊厳を失わずに，地域間，世代間において，公正，公平を維持すること，②それぞれの国，地域において，安全で安心な生活を過ごせるようにすること，を目指している．このようにみると，サステナビリティ（持続可能性）を「ディベロップメント」としてとらえ，「持続的発展」と解釈することが

[*8] 経済産業省（2004）『企業の社会的責任（CSR）に関する懇談会　中間報告書』p.29，を参照した．

適切である．

(2) 持続的発展の意味するところ

歴史的に振り返ると，産業革命以来，社会全体が，"大量生産・大量消費・大量廃棄"を当然視して，企業は，企画・生産・流通などの事業活動を行い，人々は，消費・廃棄をしながら，生活の向上を図ってきた．わが国も，第2次世界大戦の廃墟から企業の事業拡大にリードされて，目覚ましい経済成長，すなわち国内総生産（GDP）の拡大を遂げた．

しかし，1970年代以降，このまま経済成長を続けるには，自然環境の破壊，天然資源の枯渇などのさまざまな制約があることがクローズアップされてきた．そこで，地球市民として，あらゆる国，地域の人々は，地球環境保全，天然資源の節約，リサイクルなど，循環型社会を目指すべきであると考えるようになっている．

「持続的発展」については，次のように3つに分類する見解がある[*9]．

第1は，天然資源の保全，環境許容量内での生活，生物の多様性を意味する，自然条件を重視した考え方である．第2は，永続的な経済の成長，世代間の公平性の維持，環境と経済の予見的な配慮など世代間の公平性からの考え方である．第3は，社会，人権，文化などの価値，活動や南北間の公平性，生活水準の向上など，より高次元の観点からの考え方である．

このような考え方を参考にすると，企業をはじめ，あらゆる組織は，"地球の環境許容量"を前提に，これまでの成長路線から安定的な発展路線へ軌道修正して，さまざまな技術革新，経営革新，社会革新などを実行することが求められている．

[*9] 森田恒幸，川島康子（1993），『持続可能な発展論』の現状と課題，『三田学会雑誌』第85巻第4号を参考に要約．

(3) 企業に求められる持続的発展

　企業は，規模の大小にかかわらず，社会の一員として，まず社会が持続的に発展する方向で，事業活動をすることが大前提になる．人々の生活が安全で安心な環境を維持できることが不可欠となる．

　イトーヨーカ堂では，『企業の社会的責任報告書―社会・環境活動報告書2004』の冒頭に，イトーヨーカドーの企業姿勢として，「皆様に信頼される企業であるため，企業の社会的責任を果たします．イトーヨーカドーは，企業もまた社会の一員であるという，『コーポレート・シチズンシップ』の視点から，常に『経済』『社会』『環境』の3つのバランスがとれた事業活動を目指し，企業としての社会的責任を果たします．」と掲げている．

　また，リコーでは，『リコーグループ社会的責任経営報告書2004』において，「企業は，社会の一員です．企業が，社会から愛され，存続を望まれるためには，社会の持続的な発展に貢献することが前提条件になります．リコーグループは，『環境』『社会』『経済』のすべての視点から見て，優れた活動を行うとともに，活動に関する情報を適切に開示することが重要であると認識しています．」と明言している．

(4) トリプル・ボトムライン

　持続的発展を支える考え方が，「トリプル・ボトムライン」である．企業が総合評価を高めるには，「トリプル・ボトムライン」を高め，発展させることが重要となる．この「トリプル・ボトムライン」という言葉は，もともと会計学において決算書の最終行（ボトムライン）に，収益，損失の最終結果（損益計算書に掲載）が示されていることを意味している．CSRとの関係では，「トリプル・ボトムライン」（Triple Bottom Line）[*10] は，「企業活動を環境価値，経済価値，社会価値の3局面とそれらのバランスを維持し

[*10] 英国のSustainAbility社（環境コンサルティング会社）のジョン・エルキントン氏が，提唱した．

ながら高めるよう,経営戦略として積極的に取り組むことを評価する」考え方である.

トリプル・ボトムラインの3分野の内容は,次のように整理されている[*11].

○ トリプル・ボトムラインの3つの側面 ○

環境面:事業活動,製品,サービスによる環境への影響―例えば,大気,水質,土壌,天然資源,植物,動物,人間の健康が含まれる.

社会面:マイノリティや女性の問題,地域的,国家的,国際的な公共・社会政策形成への関与,また,児童労働,労働組合問題などが含まれる.

経済面:財務的なパフォーマンスを含むが,それだけでなく,製品,サービスに関する需要形成,従業員への報酬,地域社会への貢献,並びに現物調達に関する方針も含まれる.

これらの内容は,「持続的な発展」のために「トリプル・ボトムライン」を重視することが,いかに大切かを見事に示している.

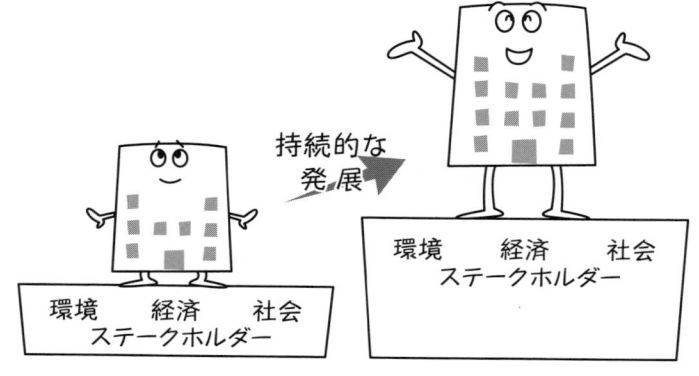

[*11] 斎藤槙(2000)『企業評価の新しいモノサシ』p.181,生産性出版

1.5　わが国企業のCSR動向

(1)　わが国経済団体の動向

最近，わが国におけるCSRへの関心は，急速に高まり，グローバルに企業活動を展開している先進企業では，本格的な対応を実践している．

わが国企業が，CSR活動を本格化させている背景には，経済同友会及び日本経団連が，次のような取組み姿勢を示していることが影響している．

(a)　経済同友会の取組み　経済同友会では，2003年3月に第15回企業白書『「市場の進化」と社会的責任経営』を発表した．この中で，CSRについての基本的な考え方を示し，"CSRは議論の段階から実践の段階に入っている"との認識で，CSRの推進はこれを支えるコーポレート・ガバナンスの確立が重要であり，経営者自らが自社の仕組みと成果を評価し，さらに高い目標を設定して，実践するための「企業評価基準」（CSR活動の評価方法）[*12]を提唱している．

(b)　日本経団連の取組み　日本経団連では，2003年10月に「社会的責任経営部会」を発足させた．2003年12月には，海外事業活動関連協議会（CBCC）が，米国，欧州に対話ミッションを派遣して，ニューヨーク，ワシントン，シカゴ，ブリュッセル，ロンドンなど21か所を訪問して，海外企業や有力団体との情報収集や意見交換を行った．

2004年2月には，「企業の社会的責任推進にあたって基本的な考え方」

[*12] この企業評価基準は，「企業の社会的責任」（市場，環境，人間，社会の4分野）の83項目と，「コーポレート・ガバナンス」［理念とリーダーシップ，マネジメント体制，コンプライアンス（法令・倫理等順守），ディスクロージャーとコミュニケーション］の23項目など，合計110項目から構成されている．

さらに，2003年8月にメンバーに対して「企業自己評価基準プロジェクト」への参加を要請，2004年1月には，上記「企業評価基準」に基づき，229社の経営者の取組み自己評価の結果を『日本企業のCSR：現状と課題—自己評価レポート2003』にまとめ，発表した．

を，次のとおり発表した．

> ○企業の社会的責任推進にあたっての基本的な考え方○
> ① CSR に積極的に取り組む（CSR は，競争力の源泉であり，企業価値向上に資する）．
> ② CSR は，官庁主導ではなく，民間が自主的取組みにより，推進される．
> ③ 「企業行動憲章」と「実行の手引き」を見直し，CSR 指針とする．

その後，日本経団連では，2015 年の国連で，持続可能な社会の実現に向けて国際統一目標である「SDGs（持続可能な開発目標）」が採択されたことに対応して，2017 年 11 月に「企業行動憲章」の第 5 回目の改定（表 1.1）を実施している．

(2) 日本企業の CSR 取組みの特徴

わが国企業の具体的な取組みは，各社の企業理念や価値観などを反映しているが，各社に共通する特徴をまとめると，次のとおりとなる．
① 環境活動，環境経営を中核に，「PDCA サイクル」を導入して，CSR 活動を本格化し，成果を上げている．
② CSR 憲章を策定し，これに調和させた行動基準を制定し，全社を挙げて取り組んでいる．
③ 原料，部品，商品などの調達について，サプライチェーン・マネジメント（supply chain management）[13] の観点から，安全管理などの面で総合的な責任を果たしている．

---

[13] 企業が取引先との関係で，資材調達から，生産，発注，販売流通，在庫管理，リサイクルまでの一連の物の流れ（サプライチェーン）を，IT を利用して 1 つの組織体のように総合的に管理することをいう．

表1.1　日本経済団体連合会「企業行動憲章」

企業行動憲章
― 持続可能な社会の実現のために ―

一般社団法人　日本経済団体連合会
1991年9月14日　制定
2017年11月8日　第5回改定

企業は，公正かつ自由な競争の下，社会に有用な付加価値および雇用の創出と自律的で責任ある行動を通じて，持続可能な社会の実現を牽引する役割を担う．そのため企業は，国の内外において次の10原則に基づき，関係法令，国際ルールおよびその精神を遵守しつつ，高い倫理観をもって社会的責任を果たしていく．

（持続可能な経済成長と社会的課題の解決）
1. イノベーションを通じて社会に有用で安全な商品・サービスを開発，提供し，持続可能な経済成長と社会的課題の解決を図る．

（公正な事業慣行）
2. 公正かつ自由な競争ならびに適正な取引，責任ある調達を行う．また，政治，行政との健全な関係を保つ．

（公正な情報開示，ステークホルダーとの建設的対話）
3. 企業情報を積極的，効果的かつ公正に開示し，企業をとりまく幅広いステークホルダーと建設的な対話を行い，企業価値の向上を図る．

（人権の尊重）
4. すべての人々の人権を尊重する経営を行う．

（消費者・顧客との信頼関係）
5. 消費者・顧客に対して，商品・サービスに関する適切な情報提供，誠実なコミュニケーションを行い，満足と信頼を獲得する．

（働き方の改革，職場環境の充実）
6. 従業員の能力を高め，多様性，人格，個性を尊重する働き方を実現する．また，健康と安全に配慮した働きやすい職場環境を整備する．

（環境問題への取り組み）
7. 環境問題への取り組みは人類共通の課題であり，企業の存在と活動に必須の要件として，主体的に行動する．

（社会参画と発展への貢献）
8. 「良き企業市民」として，積極的に社会に参画し，その発展に貢献する．

（危機管理の徹底）
9. 市民生活や企業活動に脅威を与える反社会的勢力の行動やテロ，サイバー攻撃，自然災害等に備え，組織的な危機管理を徹底する．

（経営トップの役割と本憲章の徹底）
10. 経営トップは，本憲章の精神の実現が自らの役割であることを認識して経営にあたり，実効あるガバナンスを構築して社内，グループ企業に周知徹底を図る．あわせてサプライチェーンにも本憲章の精神に基づく行動を促す．また，本憲章の精神に反し社会からの信頼を失うような事態が発生した時には，経営トップが率先して問題解決，原因究明，再発防止等に努め，その責任を果たす．

出典：日本経済団体連合会のホームページ
　　　https://www.keidanren.or.jp/policy/cgcb/charter2017.html
2017年11月8日公表，序文を省略して，「企業行動憲章の10原則」を掲載．

④ CSR 会計*14 の考え方を CSR 報告書に組み入れている．
⑤ 欧州の CSR 推進団体「CSR ヨーロッパ」への参加や，「国連グローバルコンパクト」への登録などが目立っている．
⑥ 従来の「環境報告書」から名称を変更して，「社会・環境報告書」「サステナビリティ報告書」「CSR 報告書」などを発行する動きが本格化している．
⑦ CSR 委員会，CSR 部，CSR 室など，CSR 戦略を担当する専門組織を設置する企業が急速に増加している．
⑧ SRI（社会的責任投資）についても，従来のエコファンドのほか，CSR ファンドが設定され始めている．
⑨ 海外の有力 SRI 指数に，多くの日本企業が CSR 活動を評価されて組み入れられている．
⑩ 社会や社内に対して CSR 活動について，積極的に情報発信する企業が増加している．

(3) わが国企業にとっての課題

このような実情を反映して，環境経営の分野では，わが国企業の対応は，欧米の代表的な企業に比較しても，相当高い水準に達していると評価されている．

そこで，各社が直面している主要な共通課題は，CSR 推進体制の整備，行動基準の改定，情報公開の3つに集約できる．

● CSR 推進体制の整備

これまで，企業は環境対応活動，コンプライアンス・企業倫理活動，社会貢献活動，人権・雇用活動などをそれぞれ個別の関連部署で縦割りの管理運営を行ってきた．しかし，CSR の実践は，経営戦略として一

---

*14 CSR 会計とは，CSR 活動に使用した費用とそこから得られた成果を「費用対成果」という視点から，会計的に収支分析し評価する新しい手法．

元管理する必要に迫られ，全体的な経営意思決定のために横断的な組織を設置する企業が増えている（リコー，ソニー，ユニ・チャーム，東芝，シャープなど）．

● CSR 憲章の策定と行動基準の改定

　CSR の実践は，企業の創業の精神や経営理念などに基づき，社会の要請や期待をどのように企業活動に組み入れるかが問われている．そこで，まず「CSR 憲章」を制定し，これと調和するように「グループ行動基準」を改定する企業が出ている（例えば，リコー，資生堂，松下電器産業など）．

● CSR 実践についての情報公開

　従来から，「環境報告書」による情報公開は一般的であったが，最近では，「社会・環境報告書」「サステナビリティレポート」「CSR 報告書」などが発行されている．企業は，環境，コンプライアンス，コーポレート・ガバナンス，人権，社会貢献など多面的な情報を，ホームページへの掲載，報告書の発行，冊子の配布などと，さまざまな手法により，情報開示を積極化している（イトーヨーカ堂，損保ジャパン，帝人，リコーなど）．

1.6　コンプライアンス経営を基盤としたCSRの推進

(1)　CSR推進における基本的な考え方

　CSRについて，さまざまな定義や考え方があるが，共通するコンセプトは，第1に，持続的発展，第2に，ステークホルダーとの対話，第3に，「経済」「環境」「社会」のトリプル・ボトムライン，の3つに要約できる．それらの支える基盤がコンプライアンス・企業倫理の実践である．

　ちなみに，CSRの推進に際して，企業が対応すべき具体的な項目をあげると，次のように多岐にわたる．

　第1に，コンプライアンス・企業倫理関係では，法令等順守，贈収賄，政治献金，不正競争防止，消費者重視，ステークホルダー・マネジメント (stakeholder management)[15]などである．

　第2に，コーポレート・ガバナンス関係では，取締役（会），監査役（会）の機能強化，独立した社外取締役の登用，株主総会の活性化と株主・投資家への説明責任などである．

　第3に，経済活動関係では，消費者重視，顧客満足，リスクマネジメント，ブランド戦略，IR，人権一般（基本的人権の尊重，不合理な差別の禁止等），安全・衛生，製造物責任，公正な取引，サプライチェーン・マネジメントなどである．

　第4に，労働関係では，結社の自由，差別撤廃，労働時間等の適正な運営，従業員の能力開発（教育訓練，多様性と機会均等など），児童労働・強制労働の禁止などである．

　第5に，地球環境では，環境対策（原材料，エネルギー，水，有害物質，排出物・廃棄物など），乱開発防止，動植物保護，環境方針，環境マネジメ

---

[15] 企業を取り巻くさまざまな利害関係者とのバランスと調和のある良好な関係を構築することにより，企業の経営変革を促進して，持続的に発展させる経営手法．

ントシステムの推進などである．

第6に，情報開示，報告書関係では，環境報告書，社会・環境報告書の発行，サステナビリティ・レポート，CSR 報告書の発行などによる情報開示である．

(2) 「コンプライアンス経営」とは

企業は，利益を追求する組織であるが，事業活動を行うには，基本的な要件がある．このうち，企業が最低限守らなければならないのが，コンプライアンスであり，誠実な企業活動である．企業として，さまざまな CSR の活動を推進する際の目標を達成するために基盤となるのが，「コンプライアンス経営」であると考えられる．

「コンプライアンス経営」とは，狭義では「法令，行動基準，社会規範などに基づく企業倫理の確立と実践を目指す経営」であり，広義では，「企業理念と高い倫理基準に基づく公正で誠実な企業行動の遂行により，企業使命を実現する経営」と考えられる．内閣府の定義（『消費者に信頼される事業者になるために』2002 年 12 月公表）によると，「法令，社内規範等の順守や，そのための組織体制の整備を包含してコンプライアンスといい，経営トップが関与した上でコンプライアンス重視の企業経営をコンプライアンス経営という．」としている．

(3) コンプライアンス経営と CSR の推進との統合関係

「コンプライアンス経営」が，CSR 推進の基盤となる事情を図解すると，図 1.2 のようになる．

企業は，経営トップのリーダーシップのもと，本業を通じて経営資源の制約を考慮しながら，企業独自の目標を設定して，「コンプライアンス経営」を基盤とした CSR の推進こそが正道である．したがって，企業が CSR 推進のための組織体制を見ても，これまでのコンプライアンス・企業倫理部署を中核にすえて，環境保全部署，社会貢献部署などを統合化，体系化して，

CSR 推進委員会や CSR 部・室などを設置し，運営している．

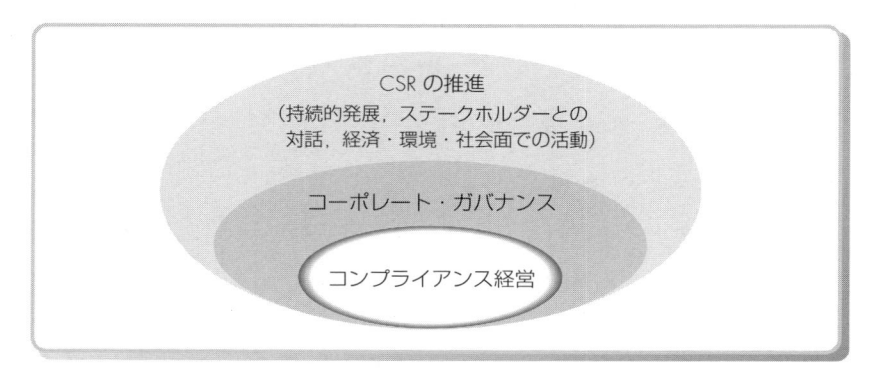

図 1.2 コンプライアンス経営と CSR の推進

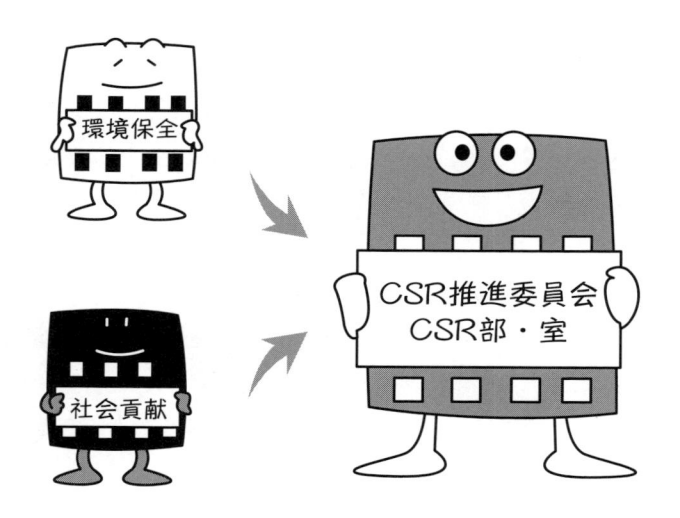

1.7　企業におけるステークホルダー

(1)　ステークホルダーとは

ステークホルダー（stakeholder）とは，「企業の経営活動の存続や発展に何らかの利害関係を有する主体」をいう．具体的には「顧客・消費者，従業員，株主・投資家，地域社会・地球環境，取引先，競争企業，関係金融機関，業界団体，政府関係者，NGO・NPO」など，企業を取り巻くさまざまな利害関係者を包含している．

企業が，経済的側面における財務的な活動のほかに，環境的側面や社会的側面にもバランスよく配慮して持続的な発展をするには，ステークホルダーとのバランスよい関係を維持することが求められる（図 1.3 参照）．

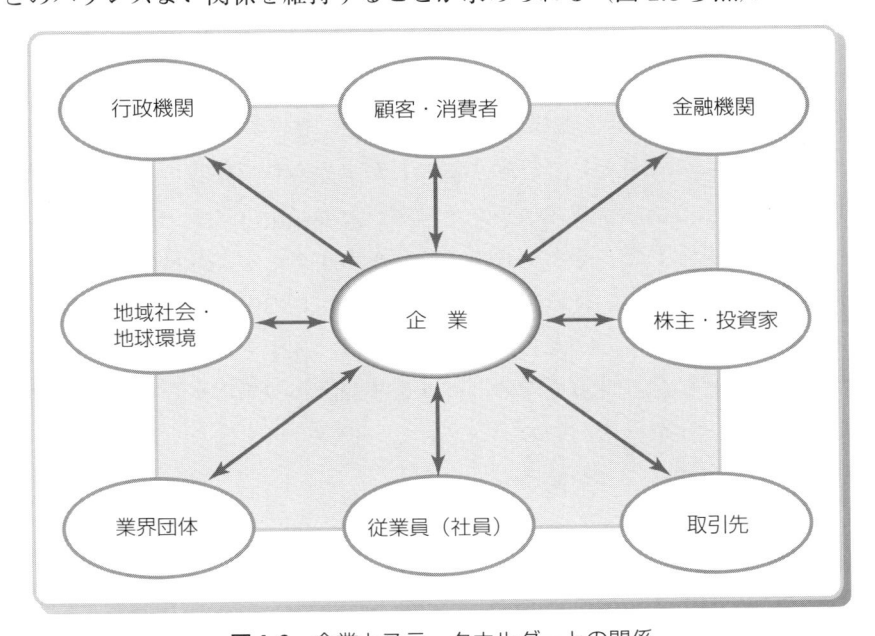

図 1.3　企業とステークホルダーとの関係
出典：田中宏司（2005）『コンプライアンス経営［新版］』
　　　p.68，図表 2-7，生産性出版を参考にして作成．

ステークホルダーとの関係は，歴史的・社会的影響を受け，時代により変化している．すなわち，企業や組織が成り立っている社会の歴史的発展過程や，経営環境の変化，社会における位置づけの変化により，それぞれの企業が業種や規模などにより，ステークホルダーにどのように対応するかについて相違が生じることになる．

ステークホルダーを分類すると，第1に「基本的なステークホルダー」として，消費者・顧客，従業員，株主・投資家，地域社会，取引先などがある．「第2次的なステークホルダー」として，競争企業，関係金融機関，業界団体，政府関係者，NPOなどがある．第2に「企業組織の内部ステークホルダー」として，従業員，企業内労働組合などがあり，「外部ステークホルダー」として，株主・投資家，地域社会，取引先，競争企業，関係金融機関，政府関係者などがある．

(2) 企業とステークホルダーとの対話

企業が，CSRを推進するには，社会の企業に対する要請，期待を具体的に把握し，社会の一員として行動することが求められている．そこで，企業としては，社会を構成するステークホルダーとの対話（ステークホルダー・ダイアログ）を通じて，それぞれのステークホルダーが，経済的側面，環境的側面，社会的側面における企業活動について，どのような要請，期待を持っているか確認することが大切である．企業は，ステークホルダーとの率直な対話をもとに，相互理解を深め，バランスと調和のある良好な関係や信頼関係を築くことができる．このようにして，企業は自主的な目標や重要な課題を浮き彫りにすることができる．

(3) 基本的なステークホルダーとの関係

企業にとり規模に関係なく重要で基本的なステークホルダーは，消費者・顧客，従業員，株主・投資家，地域社会，取引先であろう．企業は，経営理念に基づき，主要なステークホルダーに対してそれぞれ特有の責任を持って

いる．CSR の具体的な問題や課題は，企業の役員・社員が，これらのステークホルダーと接触する場面（現場）で発生するので，次に個別に対応を見てみよう．

(a) 顧客・消費者への対応　基本方針は，「顧客第一主義」「お客様本位」などがある．
① 顧客・消費者のニーズに対応して，"良質な商品と高水準なサービス" を提供する．
② 顧客・消費者の健康と安全を確保するように，ベストを尽くす．
③ 業務活動や取引において，どのような場面においても顧客・消費者を公平・公正に処遇する．
④ 顧客・消費者に対する商品とサービスの提供に際して，たとえ企業にとり，不利な情報であっても，十分説明し，的確な情報開示などを行う．
⑤ 広告・広報において，基本的人権や人間の尊厳を侵すことのないように十分配慮する．
⑥ 顧客・消費者の歴史・文化・生活様式を尊重するとともに，環境保護に努力する．
⑦ 顧客・消費者が，苦情・意見を述べられるように手段・方法を確立する．

(b) 従業員（社員）への対応　基本方針は，「社員は会社の財産」「従業員重視経営」などがある．
① それぞれの社員にふさわしい仕事と報酬を提供し，それぞれの生活が豊かになるように配慮する．
② 従業員（社員）が個人として能力を十分発揮できるように，職場環境などを整備する．
③ 国籍，宗教，人種，性別，年齢などによる差別的な行為を禁止する．
④ 従業員（社員）とのコミュニケーションには，公平・公正・誠実を維持する．

⑤　従業員（社員）の職場における健康と安全に配慮する．
⑥　従業員（社員）が業務に貢献できるよう，知識，技能等の習得を奨励する．

(c)　株主・投資家への対応　基本方針は，「株主重視経営」「企業価値の増大」などである．
①　経営陣は，経営責任を適正に分担して，企業の使命遂行に精励する．
②　株主・投資家の資産（有形・無形）の保護，拡大などに努める．
③　株主・投資家に対して，関連情報などを適切なタイミングで，適正に公開し説明責任を果たす．
④　株主・投資家の提案，要請，不満などに対して適正に対応し，必要な場合には正式な決議を経て実行する．

(d)　地域社会・地球環境への対応　基本方針は，「地域社会との共存共栄」「地域経済発展への貢献」「地球環境保全」などである．
①　地域社会の歴史，文化，生活様式などを尊重して，地域社会の発展に貢献する．
②　地域活動や市民活動に参加して，「良き企業市民」としての責任を果たす．
③　基本的人権，差別撤廃などの活動を担う諸団体を尊重し，支援する．
④　自然環境の保護，資源の再利用，リサイクル，廃棄物の削減，CO_2 排出量の削減など，地球環境の負荷を低減する対策を関係諸団体と協力して推進する．
⑤　企業活動の拡大に応じて，従来の単純な「ローカル・コミュニティ」から「グローバル・コミュニティ」へと拡大し，さらに IT 革命の進展により「サイバー・コミュニティ」が誕生していることを意識して行動する．

(e)　取引先への対応　基本方針は，「取引先との信頼関係」「取引先との共存共栄」「取引先との良好なパートナーシップ」などである．
①　取引先に対して，信頼関係に基づき，誠実な対応を行う．

② 取引に関連する法令・ルールの順守と適正な商慣習を守る．
③ 取引先の選定は，公平・公正に行い，対等な立場で取引条件を締結する．
④ 取引先の機密情報について，違法な収集を行わない．
⑤ サプライチェーン・マネジメントを誠実に運営する．
⑥ 取引先への過剰な贈答・接待を行わない．

それぞれの企業が，自社のステークホルダーとの対話を通じて問題を把握し，上記の対応方針の基づき，的確に対応することが，CSR 推進の手段となる．

1.8 CSR コミュニケーションとは

(1) CSR におけるコミュニケーションの重要性

　CSR の推進においては，ステークホルダーとのコミュニケーションを図り，ステークホルダーからの要請，期待，意見，評価などを確認することが，きわめて重要となる．このような CSR コミュニケーションは，ステークホルダーからのさまざまな声を集約して，企業の CSR の経営戦略に組み込むための"永続的で不可欠なプロセス"である．

　このような取組みは，ステークホルダーとのコミュニケーション，ダイアログ（対話），エンゲージメント（関与，参画）とさまざまな段階がある．その根底にあるのはステークホルダーとのコミュニケーションにおける積極的な情報開示と説明責任を果たすことにある．

　情報開示に際しては，経済的，財務的な情報開示をはじめ（主に年次報告書などによる開示），環境対応，環境保全，環境経営などの環境問題への取組み，地域貢献活動，学術・文化支援活動，ボランティア活動などの社会問題への取組みについての情報開示が期待されている．このようなポジティブな CSR 活動のほか，企業不祥事への対応，事故発生に対する緊急対応や危機管理問題など，いわばネガティブな不利益情報も隠蔽（いんぺい）せずに公開するほうが，むしろステークホルダーからの信頼を勝ち取ることにつながる．

　企業が，CSR 活動に関する情報を積極的に公開しないことには，ステークホルダーとしても，企業を適正に評価することが難しい．現在では，インターネットなど IT 技術の急速な発展により，情報について伝達力のスピードアップや伝搬力の拡大が目覚ましいだけに，情報開示を適時適切に行うことが重要である．

　どのような情報を開示するかについては，企業として CSR に取り組む基本姿勢を表明する経営トップのメッセージをはじめ，経済・環境・社会の各分野における企業活動をできるだけ具体的に，わかりやすく説明することが

望ましい.

(2) CSR コミュニケーションの手法

　CSR コミュニケーションの手法として最も一般的ものは，社会への発信として，環境報告書，CSR 報告書のように CSR 活動をまとめたレポートや報告書がある．これらを社外に公表し配布する一方，社内へフィードバックして，自社の CSR 活動を周知徹底することも，従業員とのコミュニケーションとして，きわめて大切である．次に，自社のホームページなどインターネット上での公開も，大量の情報を多くの人々に伝達する手法として有効である．

　しかし，CSR コミュニケーションは，企業から社会への一方的な情報開示では不十分であり，ステークホルダーと企業との双方向でのコミュニケーションこそが生命線である．CSR 活動をまとめたレポートや報告書に対するステークホルダーからのアンケートやホームページ上での意見交換，評価の書き込みなど，さまざまな要請，意見などを集約して，社内の関係部署にフィードバックする．あわせて，それらの情報をもとに自社の CSR 戦略を適宜見直して，将来の活動に役立てることが CSR コミュニケーションなのである．

(3) 具体的なコミュニケーション，対話の事例

　ステークホルダーとのコミュニケーション，対話には，次のようにさまざまな手法・具体例がある．

① 「ステークホルダー・ミーティング」では，環境報告書，CSR 報告書などを題材にして，企業側とステークホルダー側との対話集会を開催する．

② お客様・消費者との対話では，お客様・消費者の声を店頭，お客様相談窓口，郵便経由などで伺い対応する．さらに消費者懇談会，商品モニターとの意見交換会などがある．

③　株主・投資家との対話では，株主総会，決算発表会，商品説明会などにおいて，事業の説明，決算状況，商品開発状況などについて相互に意見交換を行う．

④　従業員（社員）との対話では，倫理ヘルプライン，社員相談窓口，労働組合活動などを通じての意見交換・相談のほか，社内誌，行動基準，CSR報告書などにより，情報を発信する．

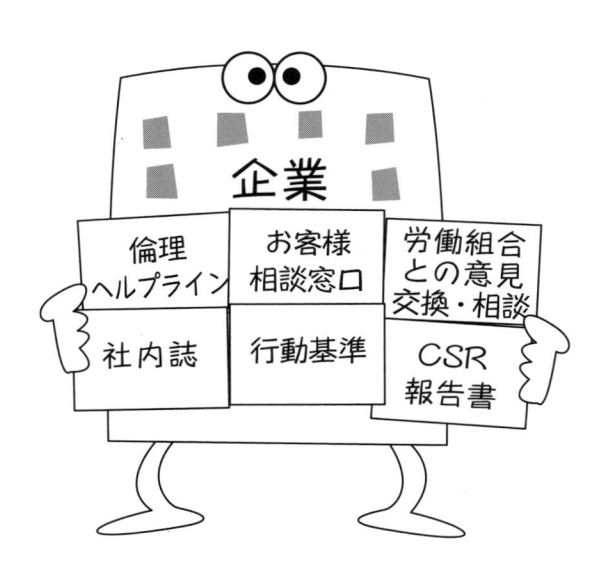

1.9　海外のCSR最新事情

(1)　欧州の動向

　欧州におけるCSR動向をみると，政府の積極的な関与と，ステークホルダーとの関係に特色がある．消費者，従業員，株主・投資家などさまざまなステークホルダーは，企業不祥事はじめ，経済・環境・社会の各分野における企業活動に対して，企業を選別し，評価する傾向にある．ステークホルダーの姿勢を政府が後押しして，社会的な合意を形成し，社会と企業が相互に持続的な発展を遂げるように努めている．この背景には，欧州統合により，EU域内における人材，物資，資金，情報などが，自由に移動する環境が整えられたことが大きく影響している．

　欧州における，CSRに対する考え方や姿勢には，次のような特徴がある．

①　マルチ・ステークホルダー（消費者，産業界，労働組合，NGO，各政府など）との対話などを経て合意を目指すことを重視する．

②　コンプライアンス・企業倫理は，企業経営にとって当然の義務であると広く認識されている．

③　失業者対策や地域振興策など社会的な問題への企業の取組みや社会問題解決のために，企業が貢献することが求められている．

④　欧州委員会は，2000年にグリーンペーパー「CSRに関する欧州の枠組みの促進」を公表し，さらに2002年にはホワイトペーパー「CSRに関する欧州委員会からのコミュニケーション：持続可能な発展への企業の貢献」を公表して，各国政府にCSR推進を促している．

⑤　CSR規格化に対する考え方・意見はさまざまである．

　ISOによるCSR規格の策定について，産業界（国際使用者連盟，欧州産業連盟等）は総じて反対していたが，2004年6月下旬のストックホルム国際会議では，規格支持を表明した．一方，フランス規格協会では，既にガイドライン（SD 21000:2003「持続可能な開発―企業の社会的責任」）を策定

し，2003年5月に発行している．

(2) 米国の動向

米国においては，欧州とは異なり，政府の直接的な関与がみられない．しかし，企業行動に対して，これまでもさまざまな消費者運動，社会運動が展開されて企業行動に大きな影響を及ぼしている．

特に，途上国における米国の下請け企業の児童労働問題（ナイキ，シアーズなど）が発覚したことや，当該米国企業商品に対する不買運動の発生などから，グループ企業やサプライチェーン全体で，コンプライアンス・企業倫理の徹底が求められてきた．

さらに，SRI（社会的責任投資）に際し対象企業から，「タバコ，酒，ギャンブル，軍需，原子力等」の関連企業を投資不適当な企業として選別するという「ネガティブ・スクリーニング」が実施されて，年金基金に関する機関投資家の投資行動に影響を与えている．

したがって，米国におけるCSRに対する考え方や姿勢には，次のような特徴がある．

① 企業活動には，まずコンプライアンス・企業倫理やコーポレート・ガバナンスがベースになっている．
② グローバルな企業活動を展開している中で，サプライチェーン・マネジメントを重視する．
③ 政府の関与を望まず，各企業が独自の企業戦略に基づき，優先順位を決めて戦略的に取り組み，市場やステークホルダーからの評価を受けている．
④ CSR報告書やインターネットによる情報公開には，前向きな姿勢である．
⑤ CSR規格を外部から押し付けることには反対していたが，2004年6月下旬のストックホルム国際会議では規格支持を表明した．

(3) 国際機関における取組み

CSRについては，国際機関においても，さまざまな取組みが行われている．その中で，最も注目されている国際連合，OECD（経済協力開発機構），コー円卓会議による取組みを紹介する．

● 「国連グローバルコンパクト」（The Global Compact）

コフィー・アナン国連事務総長が，1999年の「世界経済フォーラム」において提唱した企業行動原則である．2000年7月に国連による「グローバルコンパクト」として制定された．

参加企業は，①最高経営責任者による「グローバルコンパクト」と「人権」「労働」「環境」「腐敗防止」（2004年6月追加）に関する10原則への支持表明をすること，②「グローバルコンパクト」の普及促進を行うこと，③毎年1回，具体的活動状況を国連事務局に報告すること，が求められている．わが国も現在，112企業・団体が参加している．

● OECDの「多国籍企業ガイドライン」（The OECD Guidelines for Multinational Enterprises）

多国籍企業が国際的に企業活動を展開・拡大したことを受けて，1976年に制定されたガイドラインである．その後，2000年に，持続的発展に向けた社会・環境に関する課題が追加されて，改定が行われた．

加盟国政府が，多国籍企業に対して行動のあり方を勧告する際の指針となっている．法的な拘束力はなく，採用するかどうかは，企業の自主性に任されている企業行動の原則である．OEEDは，検証を行わない．参加メンバー30か国で，日本も参加している．

● コー円卓会議・企業の行動原則（Caux Round Table Principles for Business）

欧州・米国・日本三極の経営者が，スイスのコー（ジュネーブ近郊，レマン湖を望む町）で，1986年から円卓会議を重ねて，1994年に制定・発表した民間経営者による初めてのグローバル・スタンダードな企業行動指針である．

法的な拘束力はなく，採用するかどうかは企業の自主的判断による．コー円卓会議としては，検証を行わない．共有すべき価値観として，日本の「共生」，欧州の「人間の尊厳」，米国の「ミネソタ原則（ステークホルダー原則）」を確認している．

　2003年，経済人コー円卓会議（CRT: Caux Round Table）日本委員会では，経済人コー円卓会議米国委員会により基本システムが開発された「企業の社会的責任」を踏まえて，企業改革手法「企業の社会的責任に基づく企業改革システム」の日本版の研究開発を完成し発表している．

1.10 国際標準の動き

(1) CSRに関する国際標準化の流れ

国際標準化機構（ISO: International Organization for Standardization）[16]におけるCSRを規格化するための議論は，2001年4月ジュネーブで開催された「第68回ISO理事会」でCSRに関する国際標準を決議したことに始まっている．

この決議を受けて，同年5月にCOPOLCO（消費者政策委員会）において，実現性の調査が開始された．ジュネーブ会議（2001年10月），オタワ会議（2002年年3月）などの討議・意見聴取を経て，2002年5月に報告書「企業の社会的責任に関するISO規格の必要性と実行可能性」を作成した．本報告書においては，① ISOが，CSRのマネジメントシステム規格として策定することが望ましく，実現可能であること，② CSR規格は，第1世代品質マネジメント規格，第2世代環境マネジメント規格に続く，第3世代の社会的責任規格である，と位置づけられた．

2002年6月，第24回ISO/COPOLCO総会において，上記報告書を審議した結果，技術管理評議会（ISO/TMB）のもとに「高等諮問委員会」（High Level Advisory Group）を新設した．2004年4月，シカゴで開催された高等諮問会議において「ISOに対する勧告文」が取りまとめられた．今後，規格を作成する場合には，その主な内容は，次のとおりとなる．

① 第三者認証つきでないガイドラインにすること．
② 利害関係者の関与を促すこと．
③ 結果重視の規格とすること．
④ 労働分野でILOと連携するほか，国連グローバル・コンパクト，

---

[16] ISOとは，スイスにおける法人格を有している非政府機関であり，国家標準化機関の連合（1947年設立）．工業品などの国際規格（例えば，品質管理のISO 9000，環境管理のISO 14000など）を制定する国際組織である．

GRI，NGO などの専門家を，規格作成のプロセスに組み込むこと．
⑤　規格は，文化的多様性を尊重するものであること．

(2)　CSR 国際会議における SR 規格化の決定

2004 年 6 月 21, 22 日，ストックホルムにおいて CSR 国際会議が開催され，出席者は 66 か国，355 名に上った．その会議で，結論として，「すべてのステークホルダーが，ISO として第三者認証を目的としない，SR のガイドラインドキュメントを策定することを支持する」との結論に達した．注目された産業界も，従来の反対から賛意を表明し，ほぼ 100% の支持となった．

ここで，ISO の考え方を整理すると，CSR については定義を定めず，「組織活動の経済，環境，社会的インパクトの相互関係を含む」「対象となる組織を特定しない．したがって，"Corporate" との用語を用いず，"Social Responsibility"（SR）に統一する．」としている．したがって，ISO では，CSR については，「SR」（社会的責任）として考えることになっている．

その勧告は次の 3 点からなる．

第 1 は，規格作りを進めるうえでの ISO が自覚すべき前提である．

社会的責任というテーマは，従来の ISO の規格とは質的に異なること，社会責任上の義務を設定する権限を持つものは，政府，国際労働機関（ILO）などの国際機関であること，規格作りには，多様な利害関係者の参加が欠かせないことなどである．

第 2 は，規格の内容に関するものである．

第三者審査機関による規格適合の認証（第三者認証）を目的としないこと，組織の仕組みやプロセスではなく，活動の結果を重視すること，文化的多様性を考慮することなどである．

第 3 は，規格作成の過程に関する要請である．

これまで，発展途上国や NGO などの非政府組織は，規格作成過程であまり重要な役割を担えなかったこと，このため，従来の発想にとらわれないで

作成する新たな委員会を設置することなどである．

(3) SR 規格策定のスケジュールと発行
ISO の SR 規格策定のスケジュールは，おおむね，次のとおりである．
① 2004 年 9 月にジュネーブで開催された ISO/TMB 会議において，「ブラジル—スウェーデン」が，社会的責任 WG のリーダーシップを取ることに決定した．
② 2005 年 1 月ごろから本格的にガイドラインドキュメント（指針文書）の策定作業が開始されている．
③ 2005～2008 年にかけてドラフトが作成され，2009 年に最終国際規格原案が提示された．
④ こうして，作業が順調に進み，2010 年 11 月 1 日に，「SR 規格」ISO 26000 が発行した．

(4) ISO 26000 の特徴
ISO 26000 は，国際標準化機構（ISO）が発行した組織の社会的責任に関する国際規格である．特徴は，①あらゆる組織に適用可能であること，②認証を目的としないガイダンス（手引書）であること，③策定に，政府，産業界，消費者，労働，NGO 等マルチステークホルダーが参加したこと，にある．

ガイダンスの重要な内容は，次のとおり「7 つの原則」と「7 つの中核主題」である．

「7 つの原則」：①説明責任，②透明性，③倫理的な行動，④ステークホルダーの利害の尊重，⑤法の支配の尊重，⑥国際行動規範の尊重，⑦人権の尊重

「7 つの中核主題」：①組織統治，②人権，③労働慣行，④環境，⑤公正な事業慣行，⑥消費者課題，⑦コミュニティへの参画及びコミュニティの発展

第2章 CSRの具体的な実践活動
~何をなすべきか~

corporate social responsibility

2.1 コンプライアンス・企業倫理

(1) コンプライアンス・企業倫理の意味

コンプライアンス・企業倫理は，CSRの実践にとって"最も重要な基盤"である．この基盤ないし土台の上に，本業中心にCSRの実践が行われることにより，望ましい成果が期待できる．

まず，「コンプライアンス」(compliance) は，一般的に「服従，応諾，承諾，追従」「関係者の願い・要請などに対応する」などの意味がある．一方，実業界では，「法令順守」「法令等順守」「法規範・社内規範・社会規範の順守」という意味に使われている．

コンプライアンスは，狭義には，「法令順守」を意味するが，ビジネスの世界では「法令順守や社内諸規則・業務マニュアルの順守に加えて，社会規範の順守」を含めて広い意味で使われることが多い．

企業の実践事例を見ると，オリックス，ベネッセコーポレーション，三菱地所など有力企業では，コンプライアンスは「第1段階の法規範，第2段階の社内規範，第3段階の社会規範をそれぞれに順守するほか，第4段階として，理念・ビジョン，計画にかなう行動を取る」ことまでを包含する，従来よりもさらに広い意味にとらえ，実践している．

次に，コンプライアンスと企業倫理の関係は，次のように考えられる．

企業倫理については多くの学者による定義があるものの，まだ確立した定義がない．ビジネスマンの立場からすると，「企業倫理とは，個人の道徳規

範を営利企業の活動や目標にどのように適用するかを研究することである.」（ローラ L. ナッシュ，米国企業倫理専門コンサルタント）という意味に理解できる．

企業倫理は，「ビジネスにおける誠実性である.」と認識できる．具体的には，「企業活動に際して，経営理念に基づく行動基準を順守することである.」ということになる．したがって，広義のコンプライアンスは，企業倫理とほぼ同義語と解釈できるし，ビジネスの現場では，両者はほぼ同じように使用されている．

(2) コンプライアンス経営の具体的な実践

コンプライアンス・企業倫理の実践，すなわちコンプライアンス経営のために最も重要な活動の柱となるものは，次の6点である．

第1に，経営トップのリーダーシップとコミットメント，第2に，自社独自の行動基準の策定と周知徹底，第3に，コンプライアンス・企業倫理の順守体制，フォローアップ体制の整備，第4に，教育・研修プログラムの作成と徹底，第5に，倫理ヘルプラインの整備と機能の充実，第6に監査・モニタリングの実施である．

それでは，コンプライアンス経営をどのように実践すべきか，具体的にまとめておこう．

(a) 経営トップのリーダーシップとコミットメント まず，経営トップは，コンプライアンス経営の実践に際して，率先垂範してリーダーシップを発揮し，社内外にコミットメントやメッセージを明示することが不可欠である．経営トップのコミットメントのねらいは，①経営理念，企業使命，価値観に基づいて，②事業活動において，法規範，社内規範，社会規範（倫理規範）を順守することが必要であり，③中長期・年度計画に基づく企業使命の遂行を中核にしてコンプライアンス経営を推進する，④このようなコンプライアンス経営こそが，ステークホルダーからの信頼，社会の信頼を得る道であることを明確にすることにある．

(b) 行動基準の策定と周知徹底　「行動基準」（倫理綱領，行動規範，倫理規定など）（Code of Conduct, Code of Ethics, Business Conduct Guideline）は，「経営者・社員及び企業・組織にとって倫理・法令等に基づく行動の基準又はガイドライン」と定義できる．このような行動基準の役割と位置づけは，①創業の精神，経営理念などを頂点にして，②中間に「行動基準」が位置して，すべての企業活動における実践の行動指針，ガイダンスとして機能し，さらに③その下部に，社内各種規程・業務マニュアルなどがあるということになる．すなわち，行動基準はコンプライアンス・企業倫理の実践についての基軸である．

行動基準には，表 2.1 に示されるような内容を重要な項目として盛り込むことが望ましい．特に，グローバル企業の場合には，国際ルールの順守や活動地域における関係法令の順守，法の精神の尊重，公正・誠実な取引の維持，贈収賄や汚職の禁止，不正資金浄化の防止対策の徹底などについて，国内以上に配慮する必要がある．

(c) 順守体制，フォローアップ体制の整備　順守体制としては，コンプライアンス・企業倫理担当役員の任命，担当専門部署の設置，教育・研修プログラムの作成と実施，倫理ヘルプラインの構築と運用などが不可欠である．

フォローアップ体制には，全体を統括する企業倫理委員会（コンプライアンス委員会）の設置をはじめ，社内外の各種監査，アンケート調査などによる社内外の意識調査，従来の業績評価に加えて企業倫理業績評価を人事考課に組み入れることなどが大切である．

(d) 教育・研修プログラムの作成と実践　企業は，教育・研修プログラムを作成する場合に，次の 3 ステップをもとに実施することが望ましい．

第 1 ステップは，自社の経営理念，企業使命，基本的価値観などを十分理解し共有する．実際の方法としては，トップマネジメントが，自分の言葉で，理念，ビジョン，志などを熱く社員に語りかける．

第 2 ステップは，行動基準，コンプライアンス・マニュアルなどの内容

表2.1　行動基準の主要な柱と項目

第1の柱　社会に対する基本姿勢
- 経営理念，企業使命，価値観等の表明（顧客第一主義，消費者重視経営，社会への貢献など）
- 事業・業務活動に関する基本姿勢（公正な企業活動，良き企業市民，基本的な人権尊重，清潔な職場環境の提供，人材の育成と活用など）
- 企業の社会的責任（社会貢献活動の推進，地球環境の保護，地域社会との交流など）

第2の柱　法令等順守に対する基本姿勢
- 国内関係法令順守の徹底（独占禁止法，知的財産権，インサイダー取引等に関する関係法令の順守徹底）
- 国際取引・貿易関連法規の順守（活動地域における関連法令，国際ルールの順守，不正資金浄化の防止対策など）

第3の柱　組織外のステークホルダーに対する基本姿勢
- ステークホルダーに対するバランスある行動（消費者，取引先，株主・投資家，地域社会など主要なステークホルダーに対する具体的な対応）
- 例えば，公正な取引の維持，優越的地位の乱用防止，贈収賄・汚職の禁止など．

第4の柱　役員・社員の行動と責務に関する基本姿勢
- 役員・社員の行動と責務（利益相反の回避，個人的投機の制限，同僚への差別禁止など）
- 会社財産の保護と企業情報に関する行動基準（企業の有形・無形財産の保護，企業・顧客・業者に関する情報の保護，守秘義務の徹底，公正な宣伝・広報など）

第5の柱　組織体制・罰則規定などに関する基本姿勢
- 運用体制対象範囲（役員・職員）の明確化
- 企業倫理担当部署の明示，照会・連絡先
- 違反行為に対する罰則規程など

出典：田中宏司（2005）『コンプライアンス経営［新版］』pp.135-148，具体的な主要項目のひな形を参考にして作成．

を理解する．実際の方法としては，担当部署の責任者などが，コンプライアンス体制，運営状況に則して具体的に説明して，周知徹底を図る．

第3ステップは，事例研究（ケーススタディ，ケースメソッド）により，参加者が討議を通じてコンプライアンス意識を高める．実際の方法としては，自社や他社の具体的事例を取り上げて，現状分析をした後，対策・課題をまとめる．討議の成果を，会社として共有し，実務に反映させる．

(e) 倫理ヘルプラインの整備と機能の充実 倫理ヘルプラインは，コンプライアンスに関する照会，疑問，相談，報告など，通常の業務報告ルート以外の方法により，役員・社員の相談，照会窓口として機能する．主要な方法としては，専用電話，専用FAX，電子メール，面談，文書・手紙などを活用する．

コンプライアンスの実践のためには，組織内における円滑なコミュニケーションが必要である．そのためには，役員・社員が業務運営上，コンプライアンスなどについて，「疑問がある」「判断に迷っている」などの場合に，何でも相談できる風通しのよい「職場環境」，「企業文化」を作り上げることが求められる．

(f) 監査・モニタリングや「アンケート調査」の実施 コンプライアンス・企業倫理の実践状況を，定例的に監査する．すなわち，通常の業務監査，会計監査，システム監査などに加え，コンプライアンス監査を実施する．具体的には，①行動基準・行動指針や社内諸規定に照らして，社内の順守・運用状況を定期的にチェックする，②倫理ヘルプラインを経由して通報された案件や企業倫理委員会で討議された案件などにつき，実情をチェックし，助言する．

さらに，定例的に「アンケート調査」を実施して，従業員などの問題意識を確認し，この結果を各職場にフィードバックして，業務改善に役立てる．

2.2 コーポレート・ガバナンス

(1) CSRとコーポレート・ガバナンスとの関係

CSRの基本的なキーワードは，①持続可能性（持続的な発展），②ステークホルダーとの対話，③経済・環境・社会のトリプル・ボトムラインにおける適正な企業活動，の3つである．このようにCSRを推進するためには，企業として問題や課題を遂行するための理念と仕組みが必要であり，これを担保するのが，コンプライアンス・企業倫理とコーポレート・ガバナンスである．

(2) コーポレート・ガバナンスとは何か

コーポレート・ガバナンス（Corporate Governance）は，一般的に「企業統治」と訳されている．その意味するところは，「会社運営のための統治機構」「企業の意思決定の仕組み」「会社をあずかる経営執行者がその責任を全うすることを確保するための仕組み」「企業経営者，取締役，株主及びその他のステークホルダーとの間の相互関係が含まれる」「経営者に対する監視制度」などである．

さまざまな定義に中から，主なものを紹介する．

① 会社経営における意思決定の内容や過程に対して，会社の所有者たる株主の意思や利益を適切に反映させようとすること［『imidas 2005』(2005), p.250, 集英社］．

② 株主など企業のステークホルダー（利害関係者）によって企業が指揮され，統制されるシステムのこと［『経済新語辞典2005年版』(2004), p.174, 日本経済新聞社］．

③ 企業は株主以外にも多くの利害関係者（従業員，顧客，取引先，債権者，地域社会，地方自治体，政府等）に囲まれており，それらとの利害調整が重要である．この広い視点からの経営者に対する監視・チェック

機能を広義のコーポレート・ガバナンスという［片岡信之ほか編著『ベーシック経営学辞典』（2004），p.114，中央経済社］．
④　本来の意味は，「経営者が株主のために企業経営を行っているか監督する組織」のことです．もっと短くいうと「経営者に対する監視制度」と言うことになります．」［宮内義彦『宮内義彦　経営論』（2001），p.134，東洋経済新報社］．
⑤　コーポレート・ガバナンスとは，会社をあずかる経営執行者がその責任を全うすることを確保するための仕組みである．合理的・効率的な会社のガバナンスのシステムを構築することは株主の重要な責任である．最高経営執行者すなわちCEOと，全株主の負託を受けた取締役すなわち社外取締役との緊張をはらんだ相互作用が，良きガバナンスの実践につながるものと確信する［『改訂コーポレート・ガバナンス原則』（2001），p.6，日本コーポレート・ガバナンス・フォーラム］．

CSRとの関係からみると，次の経済同友会の見解は，コーポレート・ガバナンスの目的が"企業の持続的な成長・発展"を担保することにあるとして明快である[*1]．

「企業の持続的な成長・発展を目指して，より効率的で優れた経営が行われるよう，経営方針について意思決定するとともに，経営者の業務執行を適切に監督・評価し，動機づけを行っていく仕組み．」

(3)　CSRの実践のためのコーポレート・ガバナンスの確立

世界的規模のグローバリゼーションの進行は，企業活動や制度面でも先進諸国共通の枠組みを推進するような大きなうねりが出ている．わが国におけるコーポレート・ガバナンスの確立も，このような世界的潮流の中で取り組む必要がある．

[*1]　経済同友会（2003）『「市場の進化」と社会的責任経営―企業の信頼構築と持続的な価値創造に向けて―』p.9，経済同友会

コーポレート・ガバナンス問題は,「企業は誰のものか」「企業は誰により運営されるのか」「企業はどのようなステークホルダーのために運営されるのか」「企業は何のために経営されるのか」などを中心に展開している．企業は，法人としての法的存在であるとともに，事業活動を行う経済的存在であり，社会を構成する重要な社会的存在でもある．企業の基本的使命は，持続的な発展により，企業価値の増大を目指すことにある．

それでは，企業の持続可能性と社会の発展への貢献はいかなるステークホルダーにより行われるのであろうか．企業の法的所有者である株主のみへの配慮だけでは，企業の持続的発展は難しい．やはり，企業経営者が，株主を含む，消費者，従業員，地域社会などのさまざまなステークホルダーとの適正な関係維持に基づき，事業を継続することにより，企業の繁栄とステークホルダーに対する説明責任を果たすことができる．

したがって，CSRの実践のためのコーポレート・ガバナンスは，次のように運営される必要がある．

● 企業理念に基づいた経営トップのリーダーシップ

　　経営トップが，自社の企業理念に基づき，CSRの実践を担保する仕組みとしてコーポレート・ガバナンスを確立するとの決意表明を行う．

● コーポレート・ガバナンス体制の構築

　　経営監督と業務執行の分離，社外取締役，社外監査役の登用，取締役会の機能強化，監査役会の強化，株主総会の活性化などを有効に構築し，会社全体のチェック・アンド・バランス機能を高める．

● ステークホルダーとの対話，コミュニケーションの促進

　　株主はもちろんその他のステークホルダーとの調和とバランスを考慮して，企業価値の増大を目指して，ステークホルダーとの対話を促進する．

企業の持続的な発展や長期的繁栄は，このようにさまざまなステークホルダーの貢献により成り立つのである．ここに，コーポレート・ガバナンスの問題は，まさにCSRの推進と密接に関係する．

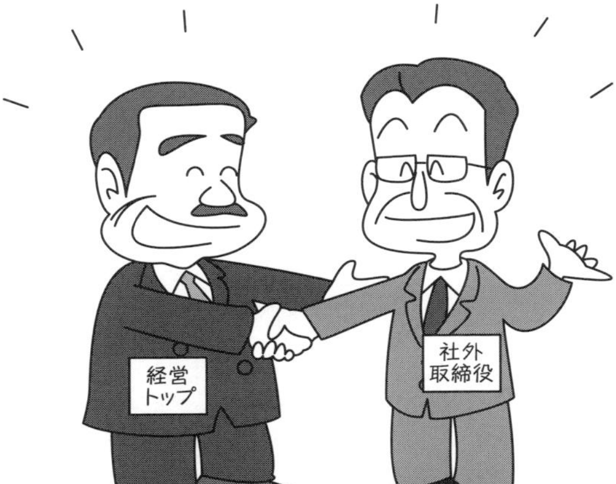
経営
トップ
社外
取締役

2.3 地球環境保全対策

(1) 持続可能な社会と地球環境保全

20世紀の企業経営は,経済成長による豊かな社会の実現を目指した旺盛な経済活動が主体であり,その結果,地球環境の許容量を超え,さまざまな環境問題を発生させた.先進諸国と発展途上国の貧富の格差拡大,森林破壊,砂漠化,産業廃棄物の不法投棄などの環境破壊が進み,地球の温暖化や海面の上昇,大雨,洪水,津波,かんばつ,猛暑,冷害などの異常気象が,緊急な課題としてクローズアップされている.

いまや地球環境保全は,人類と多様な生物の生存のために,世界全体で積極的に取り組まなければならない課題である.「地球は最大のステークホルダー」(環境経営学会常任理事 青木修三)[*2] との鋭い指摘があるように,CSRの推進に当たっては,企業活動による社会と企業の持続的な発展が,地球環境にかかる負荷をできる限り削減し,地球の環境許容量や再生能力の範囲内に抑制する方向で,企業活動を行うことが求められている.

したがって,企業にとって,地球環境保全対策が,循環型社会の構築とともに最終的に生態系の保全につながることから,地球市民としての重大な使命であるといえよう.

(2) 環境保全の領域と活動

企業としては,経営戦略のなかに地球環境保全対策を組み込み,継続的に保全活動を行い,その結果,新たな経済的価値の創出につながることが望ましい.現在,企業は,社会との持続的な発展を目指して,地球環境に配慮してさまざまな活動を展開している.対象となる環境領域は,基本的な環境負

[*2] 高巌,日経CSRプロジェクト編(2004)『CSR 企業価値をどう高めるか』p.213,日本経済新聞社

荷の低減から，企業活動にかかわる省資源，省エネルギー，有害物質の管理，いわゆる 3R（リデュース，リユース，リサイクル）[*3] の実施や，さらに環境技術開発などに基づく地球温暖化防止，生物多様性や生態系の破壊防止を含む地球全体の自然保護までというように，きわめて範囲が広く，次世代へ引き継ぐ活動となる．

したがって，日々のあらゆる事業活動の中に，環境負荷の低減，資源の再利用，環境にやさしい商品の開発，環境関連技術の開発などについて，具体的な目標を掲げて取り組むことが必要である．

リコーでは，環境・社会・経済の 3 つの P（Planet, People, Profit）の関係の変化をとらえ，同社が目指すべき姿「Three P's Balance」を描いている．ここに，ポイントを要約して紹介する[*4]．

○ リコーの地球環境保全への取組み ○

● 産業革命以前は，環境負荷は小さく，自然の回復力の範囲内に収まっていた．

● 産業革命以降，近年まで，地球環境へのダメージが継続的に増大した．大量生産・大量消費・大量廃棄の時代が始まり，人間が自然から独立したように活動して，地球環境への負荷が増大し，温暖化，オゾン層の破壊，海面の上昇，強力な紫外線による皮膚ガンの増加など，さまざまな環境問題を引き起こした．いまや，地球環境保全は，世界的な課題となり，経済活動の主体である企業にとって積極的に取り組まねば，社会からの信頼を得て発展できない事態になっている．

● 現在は，循環型社会が構築される状況にある．ごみの分別，リサイクル活動，省エネ活動など地球環境への負荷を減らす活動を拡

[*3] 3R とは，廃棄物発生の抑制（reduce），製品の再使用（reuse），再利用（recycle）．
[*4] リコー（2004）『リコーグループ環境経営報告書 2004』pp.9–10，リコー

大するほか，資源を大切に使い資源を社会の中で循環させる仕組みを機能させている．製造業では，製品の長寿命，小型化，省エネ化，リサイクルなどを推進し，最小の資源で最大の社会的利益と企業利益を創出することが課題となっている．
● 地球環境を，次世代に引き継ぐには，人間社会が環境負荷を自然の再生能力の範囲内に抑える必要がある．そのために，温暖化防止，省資源，汚染予防などの目標を明確にし，長期的な環境計画を策定して新しいチャレンジを始める必要がある．

(3) 環境経営の実践

世界的に各地で発生している異常気象や環境変化を見て，人々は地球温暖化への懸念を強めている．これまで懸案であった「京都議定書」[*5] が 2005 年 2 月 16 日に発効した．これにより，温暖化を食い止める国際的な取組みが，一段と進捗すると予想される．

地球環境保全対策としては，長期的視点からそれぞれの企業は，実現可能な計画を策定して継続的に環境負荷の低減に取り組むことが求められている．具体的には，次のような 3 つの段階における対応が望まれている．

第 1 段階では，基本的な環境対応である．関係法令の順守を基本に，顧客・消費者の要望に応じた受身の対応である．

第 2 段階では，地球市民としての環境保全に対する使命感に基づく，積極的な取組みである．省エネルギー，省資源，資源リサイクル，廃棄物の削減，水質・土壌汚染予防など，法令を上回る自主的な計画を策定して地球環境負荷の削減に積極的に取り組む．企業として ISO 14001 の認証獲得も必要である．あわせて，一人ひとりの球環境保全への意識改革を図り，ボラン

[*5] 1997 年の気候変動枠組み条約第 3 回条約国際会議（地球温暖化防止京都会議）で採択された．1998 〜 2012 年時点で，先進諸国が削減すべき CO_2，メタンなどの温室効果ガス量（1990 年基準）や，排出量取引などの仕組みを取り決めた，いわゆる「京都メカニズム」．

ティア活動を推進する．

　第3段階では，地球環境保全活動が，経済的利益の創出につながるように「環境経営」を推進することである．事業活動が環境負荷の削減につながるように開発計画や製造工程の改革，不良品の削減，生産性の向上などに取り組み，全体として環境会計が黒字になるように環境経営システムを機能させる．

2.4 人権・労働配慮

(1) なぜ人権・労働配慮が問われるのか

CSRへの急速な関心の高まりは，世界的な潮流となっているが，その背景には，急速なグローバル化の進展がある．グローバリゼーションの進行に伴い，世界中の国々，地域において，経済・環境・社会の分野で激しい構造変化をもたらしている．

グローバル化は，ヒト・モノ・カネ・情報を求めて，企業が国境を越えて移動するほか，商品・サービスが貿易取引を通じて活発に移動し，世界全体が経済的に相互に密接に関係することになる．

このような状況のもと，発展途上国においては，進出企業誘致に有利なように環境規制や労働基準など関係法令における規制が，先進諸国と比較して総じてゆるい．このため，児童労働，強制労働，環境破壊，有害化学物質や

有害農薬の使用，直接的又は間接的に人権侵害が発生する事例が出ている．その結果，貧富の格差拡大，地球環境保全への対策の遅れなどから，人々の生活を脅かす問題が続出し，途上国や NGO から先進諸国やグローバル企業への厳しい批判となっている．

CSR はより良い社会を目指すことから，グローバリゼーションの抱える課題も解決するために，節度ある企業活動，ビジネスの公正さなど変革を求める機運が強まり，基本的な人権・労働への配慮が問われるのである．

(2) 人 権

CSR の実践に際しては，企業活動は，社会における影響力がきわめて大きいことから，企業が人権問題に積極的に取り組むことを期待されている．

例えば，「国連グローバルコンパクト」（The Global Compact）[*6]では，企業が守るべき原則として，「人権」「労働」「環境」「腐敗防止」の 4 分野・10 原則を提唱している．そこに示されている「人権」の 2 原則は，次のとおりである．

原則 1　企業はその影響の及ぶ範囲内で国際的に宣言されている人権の擁護を支持し，尊重する．

原則 2　人権侵害に加担しない．

世界的に国連の「世界人権宣言」（1948 年制定）に基づく，基本的人権の擁護は，地球市民として順守すべき大原則である．しかし，途上国の現状を見ると，基本的人権と自由の尊重の不徹底，さまざまな国籍，人種，宗教，性別，出身などによる不合理な差別，直接的又は間接的人権侵害などが見られる．

[*6] 企業が守るべき原則として，国連のアナン事務総長が 1999 年 9 月の「世界経済フォーラム」（ダボス会議）で提唱．「人権」「労働基準」「環境」の 3 分野，9 原則であったが，2004 年 6 月に「腐敗防止」に関する原則が追加され，現在は 4 分野・10 原則．国連広報センター（東京）
http://www.unic.or.jp/globalcomp/index.htm

したがって，途上国において事業展開するに際しては，現地の関係法令を順守することはもちろん，歴史，文化の尊重など，企業として，人権への配慮が不可欠である．

(3) 労　働

企業は，ヒト・モノ・カネ・情報のいわゆる経営資源を社会から提供されて，企業活動を展開している．その際に，最も重要なものはヒトであるだけに，企業としては，労働に対する姿勢が信頼の礎となる．

前述の「国連グローバルコンパクト」では「労働」について，次の4原則を示し，順守を求めている．

原則3　組合結成の自由と団体交渉の権利を実効あるものにする．
原則4　あらゆる形態の強制労働を排除する．
原則5　児童労働を実効的に廃止する．
原則6　雇用と職業に関する差別を撤廃する．

わが国企業は，途上国の現地工場や営業所において，就業の最低年齢に達しない児童労働及び従業員の意思に反する不当な強制労働は，基本的人権を侵害することから禁止しなければならない．本社では，よくわからない事情があっても，児童労働，強制労働が仮に行われるようでは，企業経営上の命取りとなる大問題であり，即刻禁止する必要がある．

さらに，海外・国内共通の取組みとしては，①雇用差別の禁止と機会均等，②職場の安全・衛生の確保，③従業員の健康管理の徹底，④労働者の能力やキャリアの開発，⑤労働者が十分に能力を発揮できる適正な人事制度の運用，⑥労働者との対話・コミュニケーションの推進，などが望まれている．

2.5　経済活動と製品・サービスの提供責任

(1)　経済活動と社会に有用な製品・サービスの提供

　企業の最大の使命は，消費者・顧客が求める優良な製品・サービスを開発し提供することにより，社会の発展に貢献することにある．この使命こそが，CSRの実践においても企業存立の基盤となる．

　企業の経済活動は，一般的に事業活動と呼ばれている．その内容は，業種により，企業の規模により多様である．例えば，製造業の場合には，研究開発，調達，生産，営業，販売，宣伝と多くの段階を経て，優良な製品が消費者・顧客に提供される．企業としては，それぞれの段階でお客様，取引先，従業員，株主・投資家，地域社会などさまざまなステークホルダーとの相互関係が生まれる．こうしたステークホルダーとのバランスと調和の中から総力が結集され，優良な製品・サービスとなって，社会と企業の持続的な発展に貢献することになる．この意味で，企業はまさに「社会の公器」となる．

　そこで，企業は，消費者・顧客ニーズを的確に把握して，消費者・顧客が満足するような有益な製品・サービスの質の向上や，新たに有益な製品・サービスを開発することが求められる．そのためには，消費者・顧客の声の収集と活用，すなわちお客様相談窓口，フリーダイアル，消費者モニター制度，アンケートの活用など，消費者・顧客のニーズを有効に活用する仕組みを整備し，製品の開発・設計，生産，流通のプロセスについて，消費者・顧客のニーズを生かすことが必要となる．

　特に消費者・顧客の関心の高い環境問題については，環境負荷を低減できるような環境にやさしく，安全な新技術，新製品を開発することにより，広く社会から受け入れられ信頼を獲得できる．

　また，NGOや消費者団体などとの連携・協力により，新しい感覚の製品・サービスを提供できれば，その企業の企業価値の増大やブランド価値の向上も期待できる．

(2) 製品・サービスの安全性

　消費者・顧客から信頼を獲得し，維持するためには，提供する製品・サービスについて，その品質の保証と安全性の確保が最も大切である．企業としては，関係法令の順守，特に PL 法（製造物責任法）を守って安全性を確保する企業姿勢を社内外に明確に表明する必要がある．

　まず，経営トップのリーダーシップのもと，企画，開発，生産，流通，販売，消費に至るすべてのプロセスについて，品質・安全の確保について社内基準・手続きを整備する．具体的には，改善プロセスである「PDCA サイクル」[*7] を機能させることが必要となる．

　次に，製品・サービスに不具合や欠陥が発見され場合には，それらの具体的な情報を直ちに経営トップに報告するとともに，消費者・顧客に包み隠さず伝え，迅速な対応を行い，被害などの拡大を防ぐ．業種によっては，法律に基づくリコールなどの処置を行う．

(3) 消費者・顧客への適切な情報提供と対話

　CSR の実践では，企業としては"社会から信頼される企業"となることを目指している．しかし，企業不祥事の発生とその後の対応を見ると，第 1 に，緊急事態発生時に，経営上層部へマイナス情報が迅速に報告されていない，第 2 に，社内調査が隠蔽（いんぺい）体質を映じて不十分で，報告内容も二転三転する間に，内部告発によりさらに違法・不正実態が発覚している，第 3 に，経営首脳陣には，違法・不正行為の責任をとるとの姿勢が十分表明されていない，などの事例が多い．

　このように，消費者・顧客への適切な情報提供の遅れは，企業経営にとって致命傷になりかねず，事態の深刻化を招く．CSR においては，情報開示と説明責任が，重要な要件となっている．そこで，次のような対応が望まれる．

[*7] 活動に際して，「Plan；計画や目標作成⇒ Do：実施と運用⇒ Check；監査と評価⇒ Action；見直しと改善」という一連のサイクルを機能させる経営手法をいう．

① 消費者・顧客にとって必要な製品・サービスについての情報は，原則としてすべて開示する方針とする．
② 製品・サービスに不具合，欠陥などのネガティブ情報も，消費者・顧客に包み隠さず伝え，迅速な対応を行う．
③ 製品・サービスの開発，生産，提供，廃棄における安全性確保のための社内研修を行う．
④ このような不具合，欠陥，事故，トラブルなどのデータは，企業内に適正に蓄積して，社内で共有し再発防止に役立てる．
⑤ 社会・環境報告書，CSR 報告書などを利用して，消費者・顧客への適切な情報提供を行う．

(4) 消費者重視の対策

消費者は，CSR における重要なステークホルダーである．企業が，コンプライアンス経営を基盤として CSR を推進する際には，消費者重視の姿勢を行動基準（倫理綱領）に具体的に織り込むことが重要である．内閣府では，「消費者に信頼される事業者となるために―自主行動基準の指針―」を公表した（2002 年 12 月）．これを受けて，「消費者重視経営の評価基準研究会」における審議の結果，「消費者重視経営の評価基準―食品産業の評価基準―」が公表された（2003 年 6 月）．

このなかにある「消費者重視の主な対策」5 項目を表 2.2 に紹介する．企業は，これを参考にして，消費者重視経営を推進することが，顧客・消費者の信頼を得るための近道である．

表 2.2　消費者重視の主な対策

第1　製品・商品の安全が確保されている．
①企業として，製品・商品の安全性を確認する姿勢が明示されているか？
②原材料について安全基準に関する自主基準等を設け，それを順守しているか？
③製造工程における安全性の確保は十分であるか？など．

第2　製品・商品は，地球環境保全に十分配慮したものとなっている．
①開発・設計から製造，流通，販売，回収，廃棄まで，地球環境の保全に配慮しているか？
②社会が要請するリデュース，リユース，リサイクルの仕組みが適正に機能しているか？
③地球環境への影響を考慮し，これに関する自主基準等を設け，それを順守しているか？など．

第3　製品・商品・サービスについて，的確な情報開示と十分な説明がなされている．
①表示基準は，消費者が正確な商品理解を得る点から見て十分か，誤認や錯覚を与えないか？
②パッケージ・容器等の表示内容や説明書きは，消費者に分かりやすくなっているか？
③商品の成分や賞味期限が明示されているか？など．

第4　消費者が苦情・意見を述べる手段・方法が確立している．
①「苦情・クレーム処理窓口」「お客様窓口」「消費者・顧客相談コーナー」など，消費者からの苦情，相談，問い合わせ受付の体制は十分整えられて，適正に機能しているか？
②お客様・消費者の苦情・クレーム・意見等が，商品開発・商品の仕入れ・マーケット戦略などに的確に反映されているか？
③消費者の苦情・クレーム・意見等その対応について，状況を公開しているか？など．

第5　製品・商品事故発生時に，被害拡大を防止するための体制が十分に整っている．
①製品・商品事故発生時に，受付から始まる対応フローが具体的になっているか？
②経営トップの判断による緊急対応が可能なフローとなっているか？
③被害情報の早期公開が位置づけられているか？など．

出典：主婦連ホームページ

2.6 社会貢献活動

(1) 良き企業市民

CSRにおいては,企業は社会の一員として,より良い社会を目指して社会貢献活動を実践する必要がある.本来企業活動は,社会の持続的な発展があって,はじめて成り立つものである.それだけに,企業は「良き企業市民」として,企業の人材,設備,資金,ノウハウなどを活用して,社会貢献活動を行うことが求められている.このような動向を反映して,日本経団連の「企業行動憲章」の6.には,「良き企業市民として,積極的に社会貢献活動を行う.」とその方針が示されている.

次に,損保ジャパンの事例を見ると,次のとおり,社会貢献活動の視点と同社の重点分野がよくわかる好例で,参考となる.

○ 損保ジャパン社会貢献活動方針 ○

(2002年10月制定)[8]

損保ジャパンは,「良き企業市民」として社会とともに生きる企業を目指し,グループをあげて積極的に社会貢献活動を実践するとともに,グループ社員が個人として自主的に参加し行動する社会貢献活動を支援します.

2つの視点

1. 企業としての社会貢献活動

損保ジャパングループとして社会と幅広いステークホルダーに価値をもたらし,グループの企業価値向上にも資する,継続的な社会貢献活動を行います.

2. 社員一人ひとりが行う社会貢献活動の支援

---

[8] 損保ジャパン (2004)『CSR コミュニケーションレポート』p.6, 損保ジャパン

> 社員が社会貢献活動に自主的に参加し行動するよう,マインド醸成と制度づくりに努めるとともに,「損保ジャパンちきゅうくらぶ」を中心とした社員のボランティア活動を支援します.
>
> **3つの重点分野**
> 実績と成果を積み重ねてきた3分野を中心に取り組みます.
> 　　　　　美術　　　環境　　　福祉
> ※「社員一人ひとりが行う社会貢献活動」は分野を限定しません.

(2) メセナ,フィランソロピー,社会貢献活動

わが国では1980年代は,バブル経済の拡大や,プラザ合意(1985年)による急激な円高の進行,地価高騰,国際化の進展などから,欧米との生活状況の相違が浮き彫りになったことを反映して,企業の社会的貢献活動が活発化し,メセナ(文化,学術支援活動),フィランソロピー(社会貢献活動)が盛んになった.

各企業では,社会貢献活動委員会や専門部署の設置など組織体制が整備された.その後の経済的変化から社会貢献活動が多少低迷する時期も見られたが,総じて継続的に取り組まれている.さらに,近年地球環境の保全をはじめ,人類の生存に大きく影響するような環境や自然保護,自然災害,飢餓と貧困,人権,労働,生活の完全,テロ防止など,さまざまな社会的課題がクローズアップされたことにより,社会貢献活動の分野も一段と多様化している.

企業は,NGO(非政府組織),NPO(民間非営利組織)をはじめ,ボランティア団体,公益法人,海外団体などとの連携により,これらの組織が持つ専門知識・経験,ノウハウを吸収し,広範囲に社会貢献活動を展開している.特に,1995年の阪神・淡路大震災,2004年の新潟県中越地震においては,震災発生後,行政をはじめ,各種ボランティア団体,NGO・NPO,市民と企業が連携して,救済・復興活動に取り組む姿は,日本の市民社会が大きく変化していることを如実に物語っている.

これらの社会貢献活動において重要なことは，それぞれの企業が本業中心に，あるいは，これまでの実績を踏まえて，全社をあげて継続的に取り組むことであり，これが成功の鍵となる．

(3) 社会的貢献活動は経費から投資へ

1980年代以降，企業の社会的貢献活動は，企業が利益の一部を社会へ還元する，いわば"経費"との認識があった．しかし最近では，企業の社会的貢献活動は，企業の経営理念や基本方針に基づき，社会に支えられ，生かされている企業としての当然の責任であり，いわば"投資"であると認識され始めている．

具体的には，①企業財団設立・運営による環境保全，学術・文化・芸術活動の支援，②各種寄付，③企業独自のプログラムによる植樹，自然保護活動，奨学金の提供，車いすなど物品提供など，広範囲にわたっている．

一方，従業員（社員）一人ひとりが行う社会貢献活動は，人間としてのやみがたい情熱や想いに駆られての行動である．企業としては，従業員の自発的な社会的貢献活動を支援するために，①ボランティア休暇制度やボランティア休職制度の整備，②マッチング・ギフト資金支援制度（従業員が社会活動に寄付する場合，企業も同額あるいは一定割合で上乗せして寄付を行う制度）の整備，③ボランティア活動についての情報の提供，なども望まれている．

したがって，企業としては，自社の本業を基軸にして，その経営資源を有効に活用し，社会とのコミュニケーションを通じて，社会に貢献できるよう戦略的に目標を選定して，取り組むことが大切である．さらに，自社の社会的貢献活動をCSR報告書，社会・環境報告書などに掲載して社会へ公表することが期待されている．このような社会的貢献活動の成果として，企業価値の増大や，ブランド価値の向上につながり，社会から信頼される企業と広く認識されるようになる．

第3章 CSR推進体制の構築

～ corporate social responsibility ～

3.1 経営トップのリーダーシップとコミットメント

(1) 企業使命と現状分析

　経営トップは，CSR の推進について「事業活動の基本は，良質な製品とサービスを提供することである」との企業使命を認識し，そのうえで本業を基軸にさまざまな社会的活動を展開して社会の発展に貢献できるように，リーダーシップを発揮することになる．

　そこで，経営トップとして，自社の現状を次の 5 点について分析・再確認したうえで，CSR について具体的にコミットメントを表明することが大切と考える．

第 1　CSR の実践の前提となる自社の創業の精神，経営理念，価値観が，役員・社員にとって共通の精神的よりどころ，又は判断基準として周知徹底されているか．

第 2　経営における意思決定の迅速性と透明性が維持され，社内に企業人，プロフェッショナルとしての自己規律が確保されているか．

第 3　自社の事業展開において，自社が最も重視し，優先しているステークホルダーは誰かについて，社内のコンセンサスがあり，適正に対応されているか．

第 4　社内の人事評価が適正で，人々の信頼があり，人材育成も順調に進んでいるか．

第 5　CSR への取組みが，義務的な目標としてではなく "能動的な使命

である"との意識があり，自社はどの分野を選定し，どんな対応をするかというビジョンがあるか．

経営トップは，CSRの実践が時代の要請であり，経営戦略そのものであるということを十分認識し，コンプライアンス・企業倫理の徹底とコーポレート・ガバナンスの実践を基盤として，製品・サービスの安全確保，地球環境保全活動，人権・労働への配慮，社会貢献活動など幅広く取り組むことになる．それだけに，最も重要なスタートは，経営トップが，有能なスタッフのサポートを活かして，一貫した経営理念に基づく，具体的なメッセージとコミットメントを明確にすることにある．

(2) 経営トップのリーダーシップ

それでは，経営トップはどのようにリーダーシップを発揮するかについて，7つのステップに分けて説明する．

(a) 第1ステップ CSRマネジメントの実践方針の明示 経営トップは，CSRマネジメントを実践していくことによって消費者・国民・社会からの信頼を得ることができ，企業としても持続的な発展ができる旨を明示する．

例えば，経営理念，企業使命，価値観に基づく基本方針として，経営の最重要課題としてCSRの推進を掲げ，組織全体に対して表明し，徹底すること，使命の遂行と本業を中核にしてCSRを推進することを中長期・年度計画に盛り込む．

(b) 第2ステップ CSR憲章の制定と行動基準の周知徹底 CSR憲章を制定し，これを反映させるように行動基準を改めて見直し，周知徹底する．その際，リコーのようにCSR憲章（表3.1参照），行動基準（行動規範等）を社会へ公表することが望ましい．

(c) 第3ステップ CSR推進体制の構築 CSR委員会又はCSR推進専門部署を設置し，定着を図る．委員会型，専門部署型，委員会・専門部署併設型のなかから，それぞれの社風，組織風土に調和するように構築する．

表 3.1　リコーグループ CSR 憲章

リコーグループは，社会全体から成長・発展を望まれる企業となり，経営のあらゆる側面から，グローバルな視点で「企業の社会に対する責任」(CSR: Corporate Social Responsibility) を果たすために，以下の原則に基づいて，各国の法令，国際ルールおよびその精神を理解し遵守するとともに，社会的良識をもって行動する．

誠実な企業活動
1. リコーグループの各企業は，品質・安全・情報セキュリティ・信頼性を確保し，環境への配慮および使いやすさを追求した，世の中に有用な商品・サービスを，開発し提供する．
2. リコーグループの各企業は，公正，透明，自由な競争を行うとともに，政治，行政，市民及び団体とは，健全かつ正常な関係を維持する．
3. リコーグループの各企業は，自社の情報およびお客様の情報の適正な管理と保護を徹底する．

環境との調和
4. リコーグループの各企業は，環境保全を地球市民としての責務として受け止め，自主的かつ積極的に取り組む．
5. リコーグループの各企業は，環境に配慮した技術革新の推進と環境保全の継続的な活動に全員参加で取り組む．

人間尊重
6. リコーグループの各企業は，リコーグループの企業活動にかかわるすべての人々の安全で働きやすい職場環境を確保するとともに，すべての社員の，自主性と創造性の発揮できる豊かな個性を尊重する．
7. リコーグループの各企業は，関係するすべての人々の人権を尊重し，また社内における差別のない明るい職場づくりを目指す．
8. リコーグループの各企業は，強制労働・児童労働を認めず，人権侵害に加担しない．

社会との調和
9. リコーグループの各企業は，「良き企業市民」として，積極的に社会貢献活動を行う．
10. リコーグループの各企業は，国または地域の文化や習慣を尊重し，その発展に貢献する経営を行う．
11. リコーグループの各企業は，広く社会とのコミュニケーションを行い，企業情報を積極的かつ適切・公正に開示する．

出典：リコー『リコーグループ社会的責任経営報告書 2004』p.6，リコー

(d) **第4ステップ　CSRマネジメントに"魂を入れる"**　CSRマネジメントを率先垂範して実践する姿勢を示し，自社の経営理念，企業使命，価値観について，常に社内外で"自分の言葉"で語り続けていく．"魂を入れる"ための熱いリーダーシップが何よりも重要である．例えば，新年挨拶，支店長会議講話，研修講話，役員・社員との懇談会など機会をとらえて，経営トップの考え，方針などを自分の言葉で訴えていく．

(e) **第5ステップ　ステークホルダーへの情報開示と説明責任**　自社の顧客，取引先，株主，従業員，地域社会などステークホルダーに対し自社の理念，価値観に基づき，組織を挙げてCSR活動を推進しているとの基本方針を，自信と誇りをもって説明する．例えば，社会向けディスクロージャー誌，ホームページなどに，経営トップのメッセージを掲載する．

(f) **第6ステップ　自社における"自浄システム"を機能させる**　社会やステークホルダーに対して迷惑をかけ，厳しく非難されるような事態の発生を未然に防止するために，組織内に倫理ヘルプラインなど"自浄システム"が機能するようにする．

(g) **第7ステップ　企業文化への定着**　CSRマネジメントを企業文化にまで昇華することが大切である．CSRマネジメントを日々の事業活動に中に定着させるとともに，企業文化（社風，組織風土，組織体質など）にまで昇華させるためにリーダーシップを発揮していく．

(3) **経営トップメッセージの実例**

わが国の代表的な企業トップのメッセージの実例を要約して紹介する．

●松下電器産業『松下電器グループ・環境報告書2004』（社長　中村邦夫氏）

「地球環境との共存を目指して」を掲げて，①地球環境との共存を目指した挑戦として，グリーンプロダクトで「新しい豊かさ」を実現，グローバルに全製品で，有害物質不使用へ挑戦，世界初の発売を目指す家庭用燃料電池の開発，②グローバルなエクセレントカンパニーを目指し，

「躍進21計画」をスタートする．当社が考えるCSRとは，「企業は社会の公器」であり，「事業を通じて社会に貢献する」という考えをあらゆる行動の根幹にする．

● イトーヨーカ堂『企業の社会的責任報告書―社会・環境活動報告2004』（代表取締役会長　鈴木敏文氏）

　「CSRについて深く考えることは，企業の本質そのもの」と訴えて，CSRは，当社を取り巻くステークホルダーの皆様との関係を深く考え，非・債務的側面でも企業として誠実，積極的にその役割に挑戦することと考える．ステークホルダーごとの社会的ニーズを深く考え，誠実さ・透明性・説明責任を重視した経営を進め，今後も企業価値の向上に努める．

● 損保ジャパン『CSRコミュニケーションレポート2004』（取締役社長　平野浩志氏）

　「人を尊重し，育み，共に成長する企業であるために」として，CSRの基本は「人」，「人づくり」への貢献を企業の使命とする．当社は，今後も引き続き保険・金融商品を積極的に提供して，持続可能な社会づくりに貢献する．

3.2 企業内のコンプライアンス(法令順守)体制

(1) 企業内コンプライアンス(法令順守)体制の全体像

コンプライアンスの実践にあたっては，次のような企業内コンプライアンス(法令順守)体制の全体像を立案して，社内の実情に合わせて実践することがポイントである(図3.1参照)．

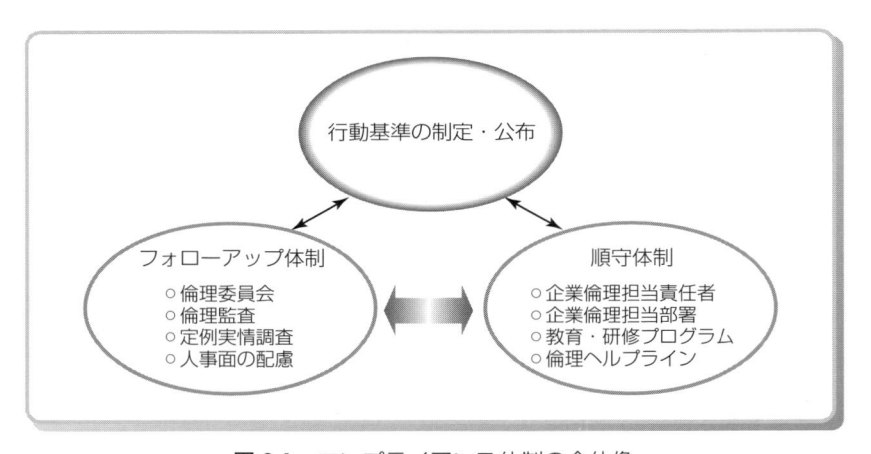

図3.1 コンプライアンス体制の全体像
出典：田中宏司(2005)『コンプライアンス経営[新版]』
p.317，図表7-1，生産性出版を参考にして作成．

(2) 行動基準の配布と誓約書の提出

行動基準(倫理綱領)は，「経営者・社員及び企業・組織にとって倫理・法令等に基づく行動の基準またはガイドライン」であるので，"コンプライアンスの実践は，全役員・社員が行動基準を順守し実践することである"ということもできる．

自社の行動基準が正式に取締役会などで承認されたのち，社内に配布される．配布後，全役員・社員から，行動基準誓約書(確認書)を原則として提出する扱いとする．新入社員，途中採用者，新任役員などに対しても，その

都度同様な手続きで周知徹底を図る．

例えば，資生堂，富士ゼロックスでは，次のように実施している[*1]．

●資生堂

『資生堂企業倫理・行動基準』の社長のメッセージの後に記載されている，「約束　私は，THE SHISEIDO CODE をよく理解して，これに基づき行動します．年　月　日　名前　」という文言の「約束」欄に，全員署名する．

●富士ゼロックス

社員は，会社が定めるところに従い『社員行動規範』を順守するとともに，常に高い倫理観を目指す旨を記述した誓約書を署名して，会社に提出しなければならない．

(3)　順守体制

(a)　コンプライアンス担当役員・責任者の任命　社内で，人望があり高尚な倫理観を有する人材を登用し，コンプライアンス担当役員又は責任者として正式に任命する．この責任者は，社内におけるコンプライアンスの専門家としての役割を担い，具体的な指導や相談に応じるなど，リーダーシップを発揮する．

コンプライアンス担当役員・責任者の主要な責任と権限は，次のとおりである．

① 経営理念，価値観等に基づき，コンプライアンス・企業倫理実践方針，計画及び実践報告を統括する．

② 全社的な教育・研修計画の立案と実施に関して，主導的に推進するとともに，社内の調整を行う．

③ コンプライアンス・企業倫理について社内外のコミュニケーションを

[*1] 経営倫理実践研究センター監修（2003）『コンプライアンス規程・実践実例集』資生堂 p.155，富士ゼロックス p.325，日本能率協会マネジメントセンター

統括して，経営陣への実践状況等の報告と社外への発信に関与する．

(b) コンプライアンス・企業倫理担当部署の設置　基本的には，独立している部署を設置する．中小企業の場合には，人材・組織上の制約もあり，法務部，経営企画部，総務部など関連する部門に中に設置することでも対応できる．経営者は，職務権限を明確にしておくことが大切である．

コンプライアンス担当部署の対応事例は，次のとおりである．

① 新年（又は新年度）に際して，全員から行動基準誓約書を提出させる．
② 新年度計画の策定に際して，重要課題の一つに企業倫理の実践，高い倫理観に基づく公正な企業行動の推進を掲げる．
③ 年間（年度）のコンプライアンス実践状況をまとめ，経営トップに対して報告を行い，必要に応じて，組織内へフィードバックする．翌年の課題・目標などについて，アクションプランを作成して，コンプライアンス委員会，経営トップなどへ提出して，正式に決裁を得る．

(c) 教育・研修プログラム作成と実践　コンプライアンスの実践に関しては，独立して実施することが望ましいが，新入社員，中堅社員，監督者，管理者，経営者というように階層別に，教育・研修プログラムに組み込んで行うこともできるだろう．主な教育・研修体系は，以下の3種の中から適宜選択して実施する．

●第1　業務研修・人事研修等の既存の研修への組込み

既にある研修の中で時間を取ってもらい，コンプライアンス・企業倫理研修に当てるなど，他の研修とタイアップする．

●第2　カスケード方式

役員が事業本部長に，事業本部長が部門長に，部門長が管理職に，管理職が一般社員に，という順序で職位の上位者が下位者に対して順ぐりに企業倫理研修を行う方式である（富士ゼロックスが，この方式を採用して効果を上げている．）．

●第3　コードリーダー方式

社内の全職場にコンプライアンス・企業倫理の旗振り役として"コー

ドリーダー"を配置する．これらのコードリーダーが主体となって，職場内の企業倫理活動を推進する（資生堂がコードリーダー方式により素晴らしい成果を上げている．）．

(d) 倫理ヘルプライン運営のポイント　コンプライアンス・企業倫理の実践に際しては，自由に意見や相談ができる企業風土を維持する．2006年4月には，公益通報者保護法が施行された．したがって，企業にとり，倫理ヘルプラインの運営は，重要性が増しているだけに，何事も親身になって肯定的な姿勢で話に耳を傾け，あらかじめ先入観を持たず，率直に対応する必要がある．その運営のポイントを次にまとめる．

① 相談窓口における相談・照会・通報などより，不利な扱いや報復・差別行為を受けることがないよう，ルールを厳守する．
② 相談者（通話者）の相談・照会内容の秘密を厳守する．
③ 回答者は，企業倫理担当部署の特定のメンバー（複数）が責任をもって担当する．

(4) フォローアップ体制

(a) 企業倫理委員会の設置　経営者を中心に企業倫理委員会（コンプライアンス委員会）を設置して，コンプライアンス・企業倫理に関する問題の最終的な対応策や解決策を決定しなければならない．この企業倫理委員会はマネジメント主体に構成し，既存の経営委員会，各種委員会と別に設置する．企業倫理委員会の主要機能は，次のとおりである．

① コンプライアンス・企業倫理等についての重要事項について総合的に検討する．
② 倫理ヘルプライン経由の主要問題について，組織とした正式対応を討議する．
③ 検証結果や重要案件は，取締役会等に報告する．

(b) コンプライアンス監査　社内監査・検査を実施する際に，通常の業務監査，会計監査，システム監査などに加え，コンプライアンス監査を実施

する．具体的には，①行動基準，行動規範などや社内諸規定に照らして，社内の順守・運用状況を定期的にチェックする，②倫理ヘルプラインを経由して通報された案件や企業倫理委員会で討議された案件などにつき，実情をチェックし助言する．このような監査結果は，企業倫理委員会，取締役会へ報告する．

(c) 人事面への配慮 企業倫理・コンプライアンスを徹底するには，なんといっても，「コンプライアンスの実践業績を，具体的に評価して人事考課に組み入れること」が不可欠となる．企業人は，誰でも自分の社内における業績が正当に評価され，その結果として地位の向上などによるキャリアアップを望んでいる．「人材の有効活用」の中核は，人事考課（人事評価）にあるだけに，人事考課への組込みが大切である．

3.3　コーポレート・ガバナンス(企業統治)の強化

(1)　コーポレート・ガバナンス強化の必要性

CSRの推進においては，まず経営トップが，メッセージとコミットメントを明示してリーダーシップを発揮すること，コーポレート・ガバナンス体制を強化すること，ステークホルダーとのコミュニケーションや対話を通じて，自社の本業に根ざした独自の計画を遂行すること，などが望まれている．

2003年施行の商法特例法改正により，従来の「監査役設置会社」のほかに，新しく「委員会等設置会社」の導入が認められ，企業は次の2つの統治形態からどちらか選択できるようになった．

「監査役設置会社」は，従来型と呼ばれ，トヨタ自動車，キヤノンなどの大企業，中堅・中小企業の大半がこの形態を取っている．取締役が，意思決定機関としての取締役会の構成員であるとともに，執行機関としての役割も有している．一方，監査役は，取締役の職務を監査するほかに，監査役会を構成して，監査方針の決定や組織的・効率的な監査を行う．

「委員会等設置会社」は，ソニー，日産，帝人など先進大企業が採用している形態で，一般的に米国型と呼ばれている．企業経営を監督する取締役と業務を執行する「執行役」とを明確に分離している．「指名委員会」「報酬委員会」「監査委員会」の3つの委員会を設置することができる．取締役会の構成員である取締役は，各委員会のメンバーとなるが，過半数は社外取締役であることが求められている．このように取締役は，企業の経営の監督を行う一方，取締役会で任命する「執行役」が業務を執行する．

このような商法改正後の状況をふまえて，コーポレート・ガバナンス強化の流れと改革の方向を整理してみると，①取締役と取締役会，②監査役と監査役会，③株主総会，といった会社経営の中枢にかかる問題に集約できる，そのほか付随するものとして，株主代表訴訟の問題がある．

(2) 取締役と取締役会の機能強化

取締役は，取締役会の一員であり，本来経営のプロとして，主に次のような義務を負っている．

① 取締役会の一員として，取締役相互に他の取締役を監視する義務
② 法令，定款などの順守義務
③ 善管注意義務と忠実義務 [*2]
④ 利益相反取引の禁止義務及び競業の禁止義務 [*3]

取締役は，プロとして上記の義務を十分認識し自覚を持って行動することが最も重要である．大半の不祥事は，この基本的な義務の不履行といえる．

次に，コーポレート・ガバナンス強化の有力手段として「社外取締役」と「監査役設置会社」における「執行役員」がクローズアップされ，それらの導入に取り組む企業が増加している．

「社外取締役」は，企業経営の効率性や経営のチェック機能を促進し，経営の透明度を向上させる効果があり，取引先や出資関係先，著名な専門家・学者などから，社外取締役を起用する事例が目立っている．そのメリットとしては，①会社経営の監督・監視機能，②経営者の業績評価機能，③経営者の違法行為事前防止機能，④取締役会の活性化機能などが期待されている．CSRの推進の観点から見ると，このような独立した「社外取締役」の登用こそが，社会の視点から経営をチェックする機能の向上と取締役の機能強化につながる．

一方，「執行役員」は，従来の取締役の人数を見直し大幅削減したうえで，商法上の取締役（意思決定機能）と執行役員（業務執行機能）に分離して，両者の役割分担を明確にする効果がある．わが国では，1997年6月，ソニーが最初にこの制度を導入して以来注目され，最近では上場・非上場の企業で急増している．

[*2] 善良なる管理者の注意義務；民法644条，忠実義務：商法254条ノ3
[*3] 利益相反取引の禁止義務：商法265条，競業の禁止義務：商法264条

この制度のもとでは，商法上の取締役は，少人数（10～15人程度）が選任され，経営計画，経営戦略等の策定などについての意思決定のスピードアップが図られる．コーポレート・ガバナンス強化のねらいは，株主をはじめステークホルダー重視の視点から経営トップの監視・監督強化，暴走抑制という機能を果たすことにある．

本来，社外取締役が機能を十分発揮するには，①経営者から独立した立場を維持できること，②人数が，取締役人数の過半数ないし少なくとも3分の1程度は必要であること，③経営情報の提供とスタッフを充実すること，などが望まれる．こうして，業務執行と経営の監視・監督の分離が明確になり，取締役会は監視・監督機能に特化できることになる．

一方，執行役員は，取締役会の決定に基づき，経営目標の達成を目指して業務・事業の執行を担当する．経営トップと取締役会がCSR重視へと意識が変わることにより，運用面で執行役員に明確な権限を与えることが成果を上げることになる．

(3) 監査役と監査役会の改革

監査役は，本来取締役の職務執行を監査することを任務とする常設機関（商法274条1項）である．その職務権限は，会計監査のほか，業務全般の監査に及んでいる（いわゆる適法性監査）．なお，監査役は複数人いる場合でも，独立性が確保され，各人が職務権限を有する．経営にとって，取締役と監査役は，いわば"車の両輪"のように，相互に補完すべき役割を担っている．

しかし，監査役と監査役会は，これまでのところ経営のチェック機関として商法が期待するとおり十分機能しているようには見られない．監査役の機能強化は，取締役との緊張感を維持しながら経営のモニタリングとチェックに専念することが重要である．

一般的に社内監査役についてみると，監査の主要な対象になる代表取締役（社長等）が，実質上社内監査役を選定している事例が多い．したがって，

社内監査役選任の独立性確保と監査役会の機能強化と活性化が緊急の課題となっている．

一方，「社外監査役」について見ると，最近著名な専門家・有識者，弁護士，公認会計士，他社の経営陣を登用する事例が多い．社外取締役登用との重複を避けながら，いかに社外監査役にふさわしい人材を確保し，機能を十分に発揮できるような経営環境を整備できるかが，コーポレート・ガバナンス強化の重要なポイントである．

(4) 開かれた株主総会

わが国の株主総会は，法律上会社の意思を決定する最高機関である．取締役会，監査役会と並んで，株式会社制度における牽制機能の主体として，位置づけられている．CSRの実践の視点からも，企業が株主重視の姿勢を示し，経営者と重要なステークホルダーとしての株主とのコミュニケーションと対話を図る重要な会議である．

今後は，法的要件に基づく重要議題の討議と決定をはじめ，個人投資家に対する経営状況についての適切な情報開示と対話促進など，株主重視の経営姿勢に基づいた経営の透明性，公平性の向上や説明責任の遂行などが大切である．

最近では，毎年6月末に近い数日に集中している株主総会開催日の分散化が行われているほか，一般株主との質疑応答など経営者との対話促進，ITを活用した迅速な情報公開，懇親会の開催など，種々，工夫がなされている．

(5) 株主代表訴訟の本質

「株主代表訴訟」は，取締役が法令や定款に違反して会社に損害を与えた場合，会社が取締役に責任追及の訴えを提起すべきであるが，会社がこれを怠ったときに，株主が会社に代わって取締役に賠償を求める制度である．

この制度は，1950年の商法改正で株主の地位を強化するために，米国法

を参考にして採用されたものの，訴訟費用が賠償請求額に応じて増加する仕組みになっていたことから，訴訟はほとんど提起されなかった．その後，1993年の商法改正で，①訴訟手数料が一律8,200円に定められたこと，②株主側が勝訴した場合，訴訟関連の調査費用も請求できるようになったこと，などから，企業不祥事に対して訴訟が活発化し，本格的に利用が広がっている．

全国で係争中の株主代表訴訟案件は増加傾向にあり，その内容は総会屋への利益供与事件，各種違法取引，不祥事による損失事件など，多種多様である．

株主代表訴訟は，企業にとり，コーポレート・ガバナンスが十分に機能しないと，大きなリスクを抱えることになることを経営者に認識させる効果がある．

3.4 CSR推進体制を作るための基本的なステップ

(1) CSR推進体制構築のポイント

CSR推進体制を作るためのポイントは，第1に，経営トップのリーダーシップのもとで行うこと，第2に，本業を通じた企業活動であること，第3に，ステークホルダーとのコミュニケーションと対話を重視すること，第4に，コンプライアンス・企業倫理，コーポレート・ガバナンスなどを基盤としたCSRマネジメント体制を構築すること，第5に，すべてのCSR活動を報告書として情報開示すること，などである．

このような企業の経営管理体制としては，CSR委員会設置方式かCSR推進専門部署設置方式，あるいはCSR委員会及び推進専門部署併設方式の3方法がある．企業としては，グローバル企業，国内大企業，中堅企業，中小企業のいずれであるか，製造業，流通業等の業種が何であるかなどを総合勘案して，自社の組織風土に合ったCSR推進体制を作り上げることが重要である．

(2) CSR推進体制構築のステップ

経済同友会の調査によれば，現在CSR専任部署や社内横断的な委員会の設置が行われている先は，約3割である[*4]．

○ CSRに関する担当部署（ないし担当者）の設置 ○

設置しており，責任者は役員以上である	23.6%
設置しているが，責任者は役員以上ではない	8.3%
小　計	31.9%
設置していない	68.1%

[*4] 経済同友会（2004）『日本企業のCSR：現状と課題』（自己評価レポート）p.15，経済同友会

3.4 CSR 推進体制を作るための基本的なステップ

各企業のこれまでのコンプライアンス・企業倫理，コーポレート・ガバナンス，環境対策などへの取組み実績と今後の課題等を総合的に検討して，組織体制を構築する必要がある．

わが国企業の CSR の推進を展望すると，組織体制は次のようなイメージとなる（図 3.2 参照）．

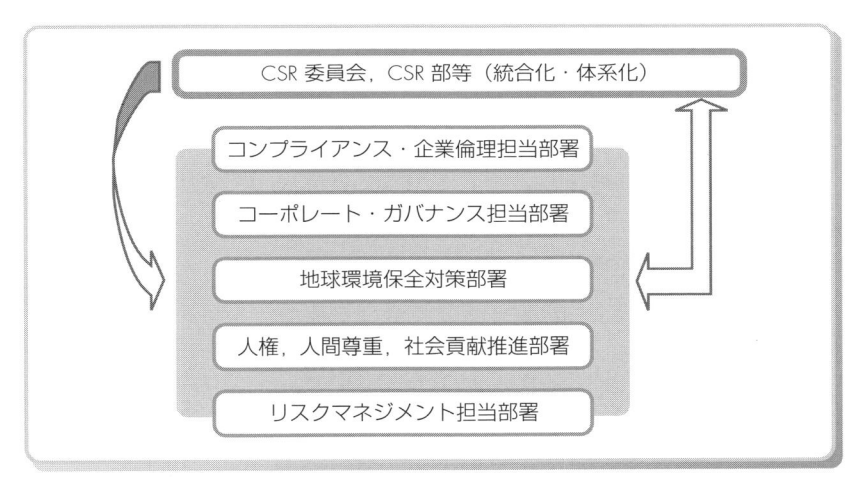

図 3.2　CSR 推進体制のイメージ

（図中：CSR 委員会，CSR 部等（統合化・体系化）／コンプライアンス・企業倫理担当部署／コーポレート・ガバナンス担当部署／地球環境保全対策部署／人権，人間尊重，社会貢献推進部署／リスクマネジメント担当部署）

CSR 推進体制の構築は，次の基本的なステップに従い，行う．

(a) 第 1 ステップ　CSR 推進体制の方式選択　経営トップのリーダーシップのもと，プロジェクトチームによる討議を経て，CSR 委員会方式，CSR 推進専門部署方式，CSR 委員会及び推進専門部署併設方式の 3 つの方式から，企業風土に合致する方式を選ぶ．組織横断的な CSR 委員会（CSR 推進委員会）は，すべての企業で採用できる汎用性のある方式である．特に，中堅・中小企業の場合には，従来の組織の上位に設置できること，経営トップのリーダーシップを発揮しやすく全体を把握できること，人材の制約から弾力的であること，などを勘案すると，CSR 委員会が最も機能的で適正な方式である．

(b) 第2ステップ　従来の組織の統合化，体系化　CSR推進体制は，上記いずれの方式においても，従来のコンプライアンス・企業倫理部署を中核にして，コーポレート・ガバナンス部署，環境部署，社会貢献部署などを，統合化，体系化する姿になる．これは，CSRの具体的な実践は，従来の担当部署が中心になって具体的な目標を立案し，全社的視点から戦略を立て実行することを意味している．

(c) 第3ステップ　CSR推進体制の構成員選定と権限の決定　新たに設置されたCSR推進体制の構成員は，従来の担当部署からの選抜と，CSRのビジョン推進に必要な人材を，社内から選抜する．構成員は，専任のみ，専任と兼務の混成，兼務のみ，のいずれかになるが，これも企業の実情に合わせればよい．

新組織にどのような権限を付与するかは，プロジェクトチームにおける検討を踏まえて，取締役会で決定する．

(d) 第4ステップ　CSR推進体制のスタート後の見直し　今後，CSRの推進状況や社会的環境変化に対応して，CSR推進体制などの見直しを適時適切に行う．例えば，構成員の入替え，CSR関連部署のCSR推進体制への統合化，体系化や権限明細の改定などを適宜行う．

(3) CSR推進体制の企業事例

"社会から信頼される企業"として，持続的発展を目指すために，どのようにCSR推進体制を構築するかが，最も重要な経営戦略となる．次に，4社の事例を紹介する[*5]．

●松下電器産業

社長のもとに「全社CSR会議」を設け，その事務局として「CSR担当室」（2003年1月発足）を設置している．「全社CSR会議」は，社

[*5] 日本規格協会編（2004）『CSR企業の社会的責任』松下電器 pp.56-60，ソニー p.97，リコー pp.130-132，三井住友海上 pp.144-146，日本規格協会

長が議長を務め，関連役員，事業領域別の社内分社のトップ，海外部門の地域別本部のトップ，本社・各職能のトップなど約40名が出席する会議で，2004年度から年2回開催している．「CSR担当室」は，コーポレートコミュニケーション本部副本部長を室長（兼務）に，各分野推進リーダを選別して6名（専任2名，兼務4名）で構成している．

● ソニー

2003年3月に「環境・CSR戦略グループ」を設置して，各担当部署の個別の活動を統括し，グループ全体の視点からCSR活動を推進している．同社は，環境は主要な課題であり，従来から取組みを進めてきたことなどを考慮して，名称を「環境・CSR戦略グループ」としている．

● リコー

2002年秋にCSR室の設置が決定されて，2003年1月に，「CSR室」を発足させた．

同社の特徴は，①社長直轄の第1階層とする，②担当役員を任命する，③グループ全体を横断的にカバーする，④監査機能を有する，⑤従来からある人事，労働，環境，製品安全，リスクマネジメント，コンプライアンスなどは，それぞれの機能分野で分担する，ということにある．

● 三井住友海上火災保険

2003年8月に，社長・CEOが委員長を務める「CSR委員会」を設置した．その下に「環境・社会貢献分科会」「IR・ディスクロージャー分科会」「CSR会計分科会」の3つの分科会があり，その分野の活動状況を「CSR委員会」へ報告する仕組みとなっている．

上記の事例にも見られるように，企業はそれぞれの企業風土，企業文化やこれまでのCSR関連活動の実績などを検討して，全社的視点からCSR推進体制を作り上げている．

3.5 内部監査の機能強化

(1) 内部監査体制のあり方

　CSRの推進にあたっては，企業が一つの組織としてステークホルダーからの要請，期待に適切に対応しているかどうかが，全体運営の要となる．このようなさまざまな企業内の活動が，適切に行われているかどうかを適正に評価して，問題点を探し出し改善する仕組みが必要である．このような役割が，内部監査の主な機能である．

　内部監査は，通常の業務監査，会計監査，システム監査などに加え，最近ではコンプライアンス監査として，①行動基準，社内諸規定に照らして，業務活動，コンプライアンス・企業倫理順守状況などの定期的なチェック，②倫理ヘルプライン（社内通報制度，社員相談窓口等）を経由して通報された案件や企業倫理委員会で討議された案件などのチェック，③全社的なリスクマネジメントとして，企業活動についてのリスクを評価し統制するためのチェックとモニタリングなど，広範囲に行われている．

　さらに，監査には，内部監査部署による監査，監査役監査，公認会計士監査があり，それぞれの目的や視点から行われ，一般に"三様監査"といわれている．監査法人や公認会計士は，商法に基づく会計監査，特別業務監査，会計・税務コンサルタントなど幅広く企業活動を支えている．大企業の場合には，①内部監査部署及び監査役による監査を積極的に取り組む一方，②監査法人・公認会計士側としても，専門的かつ第三者としての立場から適切な助言をする，といった相互協調があってこそ成果が上がる．なお，中小企業で，社内に適当な監査の専門家がいない場合には，弁護士，税理士，公認会計士などに外部の専門家に依頼することも一案である．

(2) 内部監査の具体的な機能強化

　内部監査は，一般的に内部の監査部署，検査部署により行われる．一方，

監査役は，業務の執行状態を全社的な視点から監査する．
　内部監査には，それぞれの組織の業態，体質に合わせて，次の項目をうまく組み合わせて実施する．

●日常的業務チェック

　日常業務の中で常に法律，内部規則等のコンプライアンス状況をモニタリングする必要がある．これは，現場で業務内容をよく知っている社員が行うため，実態に則したきめ細かいチェックができる．社員は，自らその業務行動をチェックするようなチェックリストを作成し，自らの行動が行動基準や諸規定に照らして，適切かどうかを日常業務の中で判断する．セルフアセスメント（自己評価，自己点検）として行われる部門内チェックは，社員のコンプライアンス意識を高め，認識を深める．個別案件によっては，総務・法務部門やコンプライアンス部門によるモニタリングも必要とする．

●内部監査（検査部門）などによる監査・モニタリング

　内部監査（検査部門），コンプライアンス統括部門，外部監査機関などによる定期又は不定期な監査は，行動基準，社内諸規定にのっとった行動がなされているかをモニタリングするためには，第三者の目で厳しくチェックできるので有効である．

●インタビュー方式によるモニタリング

　内部監査部署のメンバーが，対象者との直接のコミュニケーションを行い，深い議論ができるメリットがある．1回のインタビューには時間がかかるため，多くの対象者に対して行えない弱点もあるが，このような対話方式の内部監査は，リスクマネジメントとして，企業が抱えるリスクを共に考えるうえで，相当の効果がある．

●内部監査結果の反映と改善策の実施

　チェック，モニタリングや内部監査の結果を分析し，改善策を策定し実施する．内部監査結果は，経営者に報告するだけでなく，必ずこれを現場にフィードバックし，改善のためのアクションプランを作成させ，これを実施し，さらにその成果に基づき今後の内部監査のあり方を見直すことが大切である．

(3) 定例実情調査・アンケート調査による効果

　内部監査は，内部監査部署（検査部署）や監査役だけが行うものではない．例えば，コンプライアンス・企業倫理担当部署，CSR推進部署が，定期的に実情調査表，アンケート調査表を本社各部，支社，海外支社，子会社に送り，主要項目別に状況をチェックし指導する．場合によっては，本社の主要なスタッフが直接各部及び各支社を訪ね，関係者に面談し，現場の実情を調査する．

　このような定例実情調査をするには，企業活動にかかわる関係法令をはじめ，各企業の特性，現場の実情などに基づき，あらかじめチェックリストを作成すると効果が上がる．このチェックリストに基づき，実情調査表，アンケート調査表を作成し，それぞれの質問に，①「はい」の場合は，その実情を要約して記載する，②「いいえ」の場合には，今後の改善策を実行計画とともに記載する，といった方法をとる．

　このような定例実情調査の結果は，経営陣と企業倫理委員会などへ報告されるとともに，必要に応じて現場へもフィードバックするように運用する．これも広い意味での内部監査機能の強化につながる．

3.6　CSR 報告書を読み解く

(1)　CSR 報告書の名称

CSR の推進においては，企業の取組みの実情と結果などの情報を，広く一般社会に公開することが求められている．最近では，先進企業中心に，CSR についての多様な情報を社会及びステークホルダーに向けて積極的に公開している．それら報告書の名称は，各社各様であるが，①「環境報告書」「環境・社会報告書」から発展して，次第に②「社会・環境報告書」「サステナビリティレポート（報告書）」「CSR 報告書」が増える傾向にある（以下，これらを総称し，原則として「CSR 報告書」と呼ぶ．）．

(2)　CSR 報告書の基本情報

CSR の概念や考え方がまだ流動的であるだけに，「CSR 報告書」の内容もさまざまである．CSR を中心にすえた報告書は，ステークホルダーとのコミュニケーションを促進することを目指したものが主流であり，基本情報としては，おおむね次のような項目を記載している[6]．

第1は，報告書の総括的情報で，編集方針，報告内容の範囲，対象期間，問合せ先などである．

第2は，経営トップのコミットメント，企業のビジョンや戦略を冒頭に掲げる．

第3は，CSR 推進についての具体的な内容を掲載する．
　①　企業とステークホルダーとの関係で，自社の重要なステークホルダーや基本姿勢を述べる．
　②　CSR マネジメント体制について，組織体制や方針を具体的に解説する．

---

[6] 清水芳信ほか編（2004）『CSR（企業の社会的責任）はどのように報告されているか』p.2, 宝印刷を参照した．

③　環境・経済・社会面における，計画，対応経過，成果等を具体的に説明する．

④　そのほか各社独自の情報で，例えばステークホルダーとの座談会，社外有識者の意見，海外活動状況などを解説する．

(3)　最近の CSR 報告書の特徴と傾向

各企業の CSR 報告書について，取組み状況を，新日本監査法人グループと宝印刷が共同調査（対象 182 社：2002 年版と 2003 年版，2004 年発表及び対象 188 社：2004 年版，2005 年 2 月発表）した結果を踏まえて，特徴と傾向をまとめる[*7]．

(a)　CSR マネジメント体制　CSR マネジメント体制については，コンプライアンスやガバナンスについての記述は 56% と前年（2004 年）の 31% に比べ大幅に増加した．企業不祥事に対する社会の関心が高いだけに，コンプライアンス・企業倫理やコーポレート・ガバナンスについて記述する重要性が増している．

(b)　トリプル・ボトムライン　「CSR 報告書」には，環境面のほか，経済面，社会面における実践状況を記載することが望ましい．従来は，環境・社会のみの記載が 55% と過半数を占めていた．トリプル・ボトムライン全体の記載は，前年の 27% から 64% へと大幅に増加した．内容も環境のみから経済・社会も加えたものと変わっている．今後さらに，環境面，経済面，社会面とバランスよく情報を開示することが求められている．

(c)　GRI ガイドラインの参考利用　「CSR 報告書」の作成に際して，過半数は複数のガイドラインを適宜参考にしているほか，GRI ガイドライン[*8]

[*7]　清水芳信ほか編（2004）『CSR（企業の社会的責任）はどのように報告されているか』pp.3-5，宝印刷及び同書（2005 年）pp.3-5

[*8]　GRI は Global Reporting Initiative の略．経済・環境・社会の 3 要素（トリプル・ボトムライン）からなる持続可能性報告書の枠組みのガイドライン．そのほかに，環境省『環境報告書ガイドライン（2003 年度版）』などがある．

を参考にしている企業が多くなっている．GRIガイドラインは，信頼性の確保と他社比較のために，便利であるだけに今後の利用が望まれる．

(d) 第三者による報告書への意見 優れた報告書の作成と信頼性の向上を目指して，第三者による審査や検証を受けているものが，全体の約半数に達している．監査法人などの専門機関による第三者審査や，NGO，大学教授などによる第三者評価は，CSRマネジメントがステークホルダーとの積極的なコミュニケーションを前提としているだけに，重要な役割を担っていると考える．

(e) アンケートの添付状況 報告書に別紙アンケートを添付しているものが約9割となっている．回収状況はまだ低いのが悩みとのことであるが，ステークホルダーからの意見・要望などを組み入れて改善するためにも，回収状況を向上させるような工夫が必要である．

第4章 CSR活動の評価

corporate social responsibility

4.1 CSR活動の外部評価〜社会的責任投資（SRI）〜

(1) CSR活動の評価

一般的に，企業としてCSRに積極的に取り組むと，利益の増加，業績向上をもたらし，その結果として株価が上昇し，全体として企業価値，ブランド価値の向上につながるといわれている．この見解に対しては，業績が好調な企業だから余裕があり，CSRに積極的に取り組めるのである，との見方もある．

CSR活動はその対象が環境，人権，労働，公正な企業活動など広範囲なものであるだけに，いかに客観的かつ公正に評価するかが注目されている．このような状況のもと，2005年1月17日に日本経済新聞社が日経リサーチの協力を得て，「企業の社会的責任（CSR）調査」をまとめて発表した[*1]．調査結果の総合ランキング上位10社は，表4.1のとおりである．

上位に電機，情報，自動車などのグローバル企業がランクされているのは，国際市場において厳しい競争にさらされてグローバルスタンダードに対応する取組み姿勢が評価されていることを意味する．

本調査の評価は，次の5項目から成り立っている[*2]．

① 経営戦略・組織体制：CSRマネジメントの範囲，CSR推進専門部署

[*1] 対象は，東証1, 2部上場企業等2,171社，2004年10月上旬〜12月アンケート調査実施，回答851社，評価・分析対象847社，日本経済新聞．

[*2] 前掲，日本経済新聞「企業の社会的責任（CSR）調査」2005年1月17日．

表 4.1　CSR 調査上位 10 社

順位	社　名	総合得点
1	ソニー	824
2	松下電器産業	792
3	コマツ	763
4	NEC	749
5	トヨタ自動車	744
6	日立製作所	743
7	大日本印刷	740
	日産自動車	
9	イオン	734
10	帝人	732

出典：日本経済新聞「本社 CSR 調査　企業の社会的責任 5 項目評価」2005 年 1 月 17 日．

の設置，担当役員の任命，経営トップが現場や社外から意見を聞く仕組みの有無など．

② 　コンプライアンス：経営リスク管理の役員任命，取締役会のリスクレビューの有無，企業倫理方針・綱領の外部への開示状況，株主代表訴訟の有無など．

③ 　社会貢献：担当部署・担当者の設置状況，CSR 報告書の作成，環境会計の導入・算出・公開状況，温暖化ガス・廃棄物の把握状況，グリーン購入状況など．

④ 　従業員対応：離職者数，勤続年数の状況，男女均等の機会・待遇への取組み，相談窓口の設置，介護・育児休業制度の状況，高齢者・障害者雇用の方針など．

⑤ 　消費者・取引先対応：消費者からの質問・苦情への対応状況，リコールの有無，個人情報保護法への対応，取引先企業との公正な取引方針の策定状況など．

CSR 活動の外部評価は，上記調査に見るように，一般的な業績，株式市場の評価だけにとどまらず，CSR マネジメント，コンプライアンス体制，

地球環境保全問題，従業員対応，消費者・取引先対応などと，ステークホルダーからの信頼や企業価値まで包含する広い評価になっている．今後とも，CSR活動の外部評価については，広範囲なデータに基づく理論的，かつ実証的な分析などの調査・研究と公開が進むものと考えられる．

(2) 社会的責任投資（SRI）とは

市場では，「社会的責任投資」（SRI: Socially Responsible Investment，以下，SRIという）に対する関心が高まり，証券投資の際に，CSRを考慮する投資家が増加傾向にある．このように，企業のCSR活動は，市場においてSRIを通じて評価されている．

SRIとは，一般的に「収益性や成長性だけでなく，社会性や倫理性も考慮して社会貢献度の高い企業に投資すること」をいう．従来，「投資対象を評価する際に，財務的要素に環境的要素や社会的要素を加えて評価し投資する」（狭義）という意味に使われていたが，次第に「投資対象を評価する際に，CSRの要素を考慮して投資する．」というように，広い意味に使われている．

投資家としては，財務的要素だけでなく，第1に，人間としての倫理観，人生観などを考慮すること，第2に，環境，人権，労働などの社会的側面をいっそう重視すること，第3に，CSRの視点から，広く企業の社会的責任を促進しようとすること，などを動機として，投資行動を行うものと推測される．

このようにSRIは，財務面とともに，CSRへの対応を評価して，具体的な投資活動を行うことを通じて，優れた企業を支援し，より良い社会にすることを目指している．

(3) SRIの歴史的発展

SRIの歴史的発展を見ると，1920年代に，キリスト教徒が"カジノ経営，酒店経営，武器製造，奴隷的労働，高利貸業"などを忌避して，独自のファ

ンドを創設したのが，"SRI の原型"といわれる．

1960 年代，1970 年代以降，SRI は公民権運動，ベトナム戦争，軍拡競争，環境問題，原発事故などに対する影響力行使の手段として発展した．1980 年代以降は，米国における年金基金の運用方針の明確化や，確定拠出年金制度 401K の発展などにより，SRI の資産運用が急増した．

米国では，歴史的発展の経緯から，銘柄選定の基本に，社会的に批判の多い産業を投資対象から除外する「ネガティブ・スクリーニング」がある．このため，「ギャンブル，アルコール，タバコ，武器，原子力など」に関係する企業は，投資対象から除外される．一方，最近では，「ポジティブ・スクリーニング」の視点から「人権，労働，動物福祉，環境，地域貢献など」の社会的責任を果たしている企業を評価する事例も見られる．

わが国産業界の実情を見ると，タバコ，アルコール，宝くじ，軍事関連，原子力発電所などにかかわる一流企業が数多くあり，これらの企業を全部形式的に"非倫理的企業であり排除企業"と断定することには無理があると考える．

SRI には，次の 3 分類がある[*3]．

①上記のように，企業の CSR への対応を分析・評価して投資先を選定する「スクリーニング」のほかに，②企業の CSR への対応について，株主としての対話や株主提案を行う「株主行動」，③米国におけるマイノリティ，低所得者居住地域の発展を支援する低利融資プログラムの提供や投資を行う「コミュニティ投資」である．

主要な SRI 運用機関，評価機関の具体的評価項目は多様である．共通する主な項目を列挙すると，環境経営，女性に対する配慮，社会貢献活動の実績，雇用・労働環境に対する配慮，情報開示と説明責任，コーポレート・ガバナンス，サプライヤーへの対応，製品の品質・安全性などである[*4]．

[*3] 損保ジャパン（2004）『SAFETY EYE 特集 企業の社会的責任（CSR）と社会的責任投資（SRI）』p.12，損保ジャパン・リスクマネジメント
[*4] 損保ジャパン（2004）前掲特集，pp.24–25

(4) SRIの市場拡大

最近のSRIの市場規模（2004年）は，米国約230兆円（市場シェアの約1割），欧州約46兆円であるが，日本は拡大傾向にあるものの，約1500億円の水準である．

このようなSRI市場の拡大には，①SRIインデックスの開発が多様化し，機関投資家などの投資需要が増大している，②SRIの投資結果が比較的良好な実績であることに加えて，CSRへの社会の関心の急速な高まりが見られることなどによるものである．

わが国では，1999年にSRIファンドが初めて登場し，現在次のような状況である[*5]．

① 日興エコファンド（日興アセット，1999年8月設定：環境）
② ぶなの森（損保ジャパン・アセット，1999年9月設定：環境）
③ あすのはね（朝日ライフアセット，2000年9月設定：環境，雇用，消費者対応，社会貢献）
④ グッドカンパニー（住友信託アセット，2003年12月設定：社会，環境，経済）
⑤ ダイワSRIファンド（大和投信委託，2004年5月設定：倫理，法令遵守）

[*5] 河口真理子（2004）「消費者にとっての社会的責任投資」10月14日講演資料を参照．

4.2　CSR活動情報の開示〜CSR報告書〜

(1)　CSRと情報開示の重要性

　CSRの推進にとって，ステークホルダーとのコミュニケーションは，不可欠な要素である．それだけに，企業が事業活動やCSR活動について，ステークホルダーとの対話を通じて，人々の要請，期待，意見などに耳を傾け，企業として誠実に対応し，その活動情報を積極的に開示して，評価を受ける仕組みづくりが大切である．

　このような情報開示の方法は，一般的な会社案内から，会社概況，ディスクロージャー誌，ホームページなど多様である．CSR活動についての情報開示は，これに特化したレポートを発行することが最も一般的な方法となっている．

　報告書の名称は，「環境報告書」「環境・社会報告書」を基本に発行され，最近では，次第にCSRの視点を中核にすえた社会面での記述を加えて，「社会・環境報告書」「サステナビリティレポート」「CSRレポート」「CSR報告書」を発行する企業が増加している．

　企業は，CSR活動について積極的に取り組んでいる姿を，十分情報開示しなければ，ステークホルダーから正当な評価を受けることは難しい．ステークホルダーにとってプラスとなる情報は当然であるが，マイナス情報であっても開示する必要がある．例えば，企業不祥事や工場事故，不良製品発生などの不利益情報についても，隠さず適切なタイミングで，適切な媒体により情報開示する姿勢を示す企業のほうが，目先の利益を失っても，中長期的にステークホルダーからの信頼を得ることになる．

(2)　「CSR報告書」の位置づけと役割

　「CSR報告書」は，財務情報を中心とした「年次報告書」（有価証券報告書）に対して，非財務情報中心に経済・環境・社会の各分野における企業活

4.2 CSR活動情報の開示〜CSR報告書〜

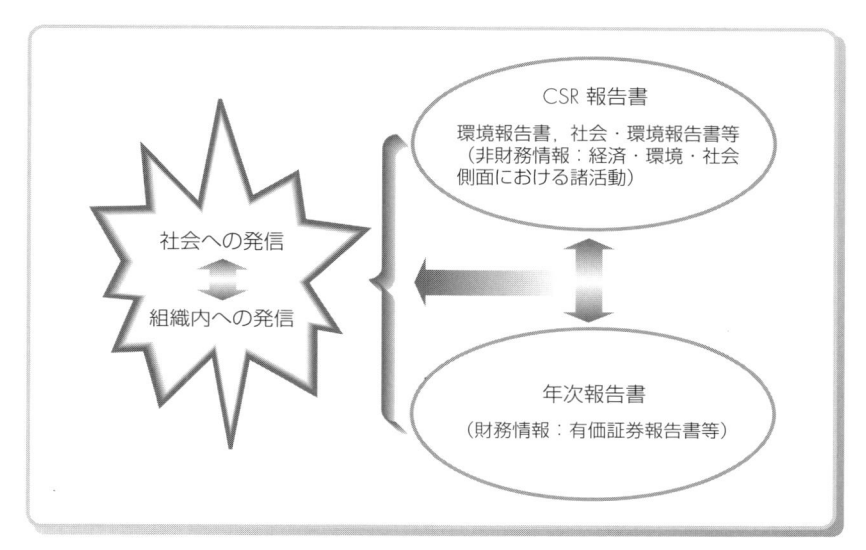

図4.1 「CSR報告書」の位置づけと役割

（図中）
- CSR報告書：環境報告書，社会・環境報告書等（非財務情報：経済・環境・社会側面における諸活動）
- 年次報告書（財務情報：有価証券報告書等）
- 社会への発信／組織内への発信

動をまとめるものである（図4.1参照）．

「年次報告書」が主に株主・投資家を対象にしているのに対して，「CSR報告書」はさまざまなステークホルダーを対象にしている．このような「CSR報告書」は，いわば「企業のマニフェスト」であるとの見解もある[*6]．

そこで，「CSR報告書」としては，次のような項目について，情報開示することが，最も重要である．

第1は，経営トップのコミットメントの明示である．経営トップとして，社会に対して何を公約するのかが問われている．CSRに対する企業の基本方針，ビジョン，戦略，情報開示の方針などを短期，中長期に分けて明快に述べる．

第2は，CSRマネジメント体制についての情報開示である．コンプライ

[*6] 大久保和孝（2004）「日本型CSR活動の展開に向けて」12月7日講演会資料を参照，主催：新日本監査法人ほか．

アンス・企業倫理体制，コーポレート・ガバナンス体制，CSR 体制の整備と運用状況を記載する．

第3は，経済・環境・社会のトリプル・ボトムラインにおける，企業活動とその成果に関する情報開示である．主要項目別に，目標，実績，成果，評価，という具合に記述する．

第4に，ステークホルダーとのコミュニケーションに関する情報開示である．企業として，顧客・消費者，取引先，株主・投資家，地域社会，従業員，環境などに対する責任を果たすため，どのように情報を開示しているかを説明する．

(3) 新たな情報開示

今後の「CSR 報告書」には，個人情報に関する取扱いや知的財産情報なども，ステークホルダーからの要請に対応して盛り込む必要があると予想される[7]．

(a) 個人情報 個人情報保護法が 2005 年 4 月から施行されたことを受けて，企業が個人情報の取扱いについて不正利用や情報漏えいを防止する義務が課せられる．人々が安心して IT 社会における便益を受けられるように，企業も情報セキュリティ，例えば企業情報，取引先情報，ネットワーク情報などの対象を適正に運営する必要がある．その結果を「CSR 報告書」などに何らかの形で開示することが求められる．

(b) 知的財産情報 企業経営にとり，知的財産情報をいかに取得し，管理・活用するかが，経営戦略として重要となる．企業は，研究開発，特許，技術情報など，知的財産情報について「CSR 報告書」に開示することも検討課題となろう．

---

[7] 大久保和孝（2004）前掲の講演会資料を参考にして要約．

4.3 経営者の新しい経営観

(1) 経営者としてのCSRへの取組み

CSRの本質は，社会と企業双方の持続的な発展を目指して，経済・環境・社会の分野における諸問題について，ステークホルダーとの対話を通じてバランスと調和のある誠実な企業活動を行うことにある．このようなCSR活動は，"経営そのもの"であり，経営者にとって，CSRマネジメントこそが，新しい経営観を醸成する．

経営者は，誰でも"経営者独自のモノサシ"をもって経営を行うが，21世紀の経営者にとり，"CSRマネジメントが基本的なモノサシ"になると予想される．

(2) 有力経営者の考え方と見解

第6回日経フォーラム「世界経営者会議」[*8] におけるわが国の有力企業経営者の講演と討議の中から，CSR，持続的発展の条件，強い企業を作り上げるためのブランド戦略，新しいビジネスモデルなどについての見解を見ておこう．

●リコー社長　桜井正光氏

「CSR経営とは，社会に対する責任を果たしながら，企業本来の役割である企業価値の向上，利益の創出を実現していくことだ．社会的責任には，コンプライアンス（法令順守）と新しい価値を生み出す活動の二つの面がある」「CSRを持続的活動にするには，コーポレート・ガバナンス（企業統治）の実践と社会との対話が大切だ．……各企業はCSR

[*8] 第6回日経フォーラム「世界経営者会議」，2004年10月18, 19日開催．主催者は，日本経済新聞社，スイスのビジネススクールIMD，米スタンフォード大学アジア太平洋研究センター．2004年10月19, 20日付け日本経済新聞掲載の関連記事を参照して要約．

を企業価値創造ととらえて,能動的に取り組むことが大切だ.」
●信越化学工業社長　金川千尋氏

「経営者は従来にも増して,「正確な現状判断」「高度な判断」「明確な業務の執行」が求められている.……大きな利益を上げて税金を払い,その貴重な税金を政府が有効に使えれば,企業にとって最大の社会貢献だ.」「持続的に企業を発展させるには,「経営情報の開示」「従業員の働きやすさ」「環境問題」の三つに的確に対処しなければならない.」「経営者が日夜,懸案解決のために努力することが企業の持続的発展に欠かせない条件だ.」

●京セラ名誉会長　稲盛和夫氏

「経営者(の精神面)が弱いと利益を上げようとするあまりルールを逸脱してしまう.企業は,社会が必要性を認めてくれる行動をとるしかない.社会が存続を求める企業になることが,永続するための絶対条件だ.」「(経営者として常に心がけていることは)謙虚で公正,無私ということだ.リーダー教育でも基本になるのは人間性.人に尽くそうという心だ.」

●東京海上日動火災保険社長　石原邦夫氏

「(合併後の)新しい企業風土を創出していくにあたり,CSR をこれからの成長・発展の礎に据える.……現代の社会貢献は企業価値の増大に結びつく戦略的な社会貢献でなければならない.私どもは企業価値を各ステークホルダーにとっての価値の総和と定義している.」「CSR の取組みは経営そのものであると同時に,企業の持続的発展のための基礎を成している.……経営者として,競争力向上のための好機ととらえ,取組みを進めていくことが必要だ.」

●シャープ社長　町田勝彦氏

「電気業界が国際競争時代を迎えている中,他社にないオンリーワン商品で差別化することが,価格競争に巻き込まれずに利益を確保できる方法と考える.……オンリーワン商品の創出には三つの経営の仕組みが

ある．一つは徹底した「技術の融合」．第二は人材を最も大切な財産とすること．三つ目は生産ノウハウのブラックボックス化．」

「経営者として心がけているのは「社員と夢を共有する」こと．」

●ソニー社長　安藤国威氏

「企業にとって最大の無形資産であり，アイデンティティーでもあるブランドが今ほど議論される時代はない．……それぞれの経営者がその時々に「SONY」の意味を拡大し，現在のソニーをつくった．」「ブランドが世界規模で強くなればなるほど，社会的な責任が増す．商品やサービスの品質はもちろんコンプライアンス（法令順守）の精神を守らなければならない．」

(3)　新しい経営観

上記のように，わが国の有力企業経営者の考え方・見解を参考にすると，次のような新しい経営観が浮き彫りになる．

第1は，経営者の人間性である．個人として高い倫理観に基づき，謙虚で公正無私な態度で，誠実に人のために尽くす精神を持つことが必要である．これは，経営者に求められる普遍的な真理と考えられる．

第2は，CSRマネジメントが，企業の持続的発展のための絶対条件であり，能動的に取り組むとの意識を持つことである．CSRを企業価値の増大に結びつける戦略に基づき企業活動を推進し，新しい企業風土，企業文化を醸成することが求められている．

第3に，そのためには，コンプライアンス・企業倫理，コーポレート・ガバナンスの実践を基盤にして，ステークホルダーとの対話を大切にすることである．したがって，経営の透明性の確保，情報の開示と説明責任の遂行，環境問題への取組みに的確に対応することが求められる．

第4に，経営者は，社員の能力を十二分に発揮できるような働きやすい環境を整えて，社員が人生をかけて働く喜びをもてるように，日夜懸命の努力をすることである．

第5に，経営者は，企業が社会の一員として社会から支えられ，生かされていることを十分認識して，持続的発展と事業繁栄に邁進することが期待されている．

4.4　企業ブランド価値の上昇

(1)　CSR活動と企業ブランド

　CSRマネジメントは，従来の経営を革新する概念であり，さまざまなCSR活動により，主要なステークホルダーのニーズに適切に対応することを通じて，企業の競争力の源泉である企業ブランドを高め，企業価値の増大に結びつける時代になっている．

　ブランドとは，「顧客の認知と支持を得るために，製品やサービスに付与された名前，用語，デザイン，シンボル，あるいはそれらの組合せである．商標ともいう．商品の価値は，製品とブランドの2側面からなる．」ということができる[*9]．

　グローバル化の進展による価格競争の激化や，企業不祥事の続発によるブランド価値の喪失，多様な消費者ニーズへの対応など，企業を取り巻く社会的・経済的環境が厳しくなっている中で，他社の製品・サービスと差別化を図り，自社の企業ブランド価値を高めることが，最も重要な経営課題となっている．

　最近では，ブランドは，基本的な「ヒト，モノ，カネ，情報」に次ぐ重要な経営資源として重視されている．現実に企業ブランドは，企業にとって最大の無形資産であると同時に，それゆえに社会的な責任を果たすこと，すなわちCSR活動を推進することが求められる．このように，CSR活動と企業ブランド価値を高めることは，相互に密接な関係にある．

(2)　企業ブランド価値を高める取組み

　社会から，企業がCSR活動に取り組むことは，顧客・消費者，従業員，株主・投資家，地域社会などステークホルダーからのイメージが向上し，その企業の商品・サービスを他社と差別化する効果をもたらし，企業ブランド

[*9]　片岡信之ほか編（2004）『ベーシック経営学辞典』p.301，中央経済社

の上昇と企業価値の増加につながる．

「高いブランド価値は，製品やサービスを通じて顧客に他では味わえない満足と価値を与える．その結果，顧客はファンとなり，企業の長期安定的もしくは長期逓増的なキャッシュフローをもたらす．」(一橋大学大学院商学研究科教授 伊藤邦雄)ことになる[*10]．

企業ブランドを形作るものは，製品の高い性能，安全性などに基づく「信頼」と，そのような製品・サービスを提供する企業そのものへの「信頼」と「安心」である．「信頼の証であるブランドは，一朝一夕にはできない．日々の地道な活動の積み重ねだ．しかし，不祥事を起こせば，簡単に壊れてしまうのも，ブランドである．」(キヤノン社長 御手洗富士夫氏)[*11]．たしかに，仮に長年にわたり顧客・消費者から支持されている企業であっても，企業不祥事が発生すると，企業ブランドが見る間に失墜する事例は，枚挙に暇(いとま)がない．

(3) 戦略的な企業ブランド価値の上昇

それでは，「会社の信頼を高めるにはどうしたらよいのか」の答えは，社会から「良い会社」として支持されることである．「良い会社」とは，いわばCSRを果たす会社といえる．企業が，本業にCSR活動を戦略的に組み込み推進することにより，企業そのものへの「信頼」が高まり，その結果が企業ブランド価値の上昇につながる．

「良い会社」と企業ブランド価値の上昇のための道筋を描くと，次の7ステップになる．

●第1ステップ 経営トップの明確な経営理念・ビジョンの明示

社会から存続を望まれ，信頼される企業となるために，経営理念，ビジョンを社内外へ発信する．このような経営トップの魂を入れ込んだコミットメント (社会公約) が，企業ブランド価値の上昇への起爆剤となる．

[*10] 高巌，日経CSRプロジェクト編 (2004)『CSR 企業価値をどう高めるか』pp.275-276，日本経済新聞社

[*11] 日本経済新聞 (2004年9月6日付)「イノベート・ジャパン」

●第2ステップ　良質な品質の製品・サービスの提供と差別化

　企業の基本的使命は，「良質な品質の製品・サービスの提供」である．これは企業規模や業種を問わない．これにより，顧客・消費者などから高い評価を受けることが信頼と安心につながる．

●第3ステップ　本業を通じての全社を挙げてのCSR活動の推進

　CSRは，経済・環境・社会の分野におけるさまざま活動になるが，これらがすべて明確な経営理念・ビジョンに根ざした全社活動であることが大切である．これにより，役員・社員の自社に対する誇りを高め，ステークホルダーからの共感と信頼を呼び起こすことになる．

●第4ステップ　ステークホルダーとの対話による課題解決

　顧客・消費者，従業員，株主・投資家，地域社会などさまざまなステークホルダーとの対話を通じて意見，要望，苦情，批判などに率直に耳を傾け，これらの成果を企業活動の中に生かすことが大切である．企業独自の，他社にはまねのできないCSR活動の推進は，必ずやステークホルダーによる好意的な評価につながる．

●第5ステップ　適正な利潤の獲得

　利潤の追求のみに固執せず，社会に役立つ企業活動を推進すれば，結果として適正な利潤が得られる．無理な利潤追求のあまり法令違反，ルール違反を起こすことはいかに「信頼」を傷つけることか．「信頼」こそが，企業の生命線である．

●第6ステップ　ステークホルダーからの信頼・安心の獲得

　このように，CSR活動を推進する会社は，その成果がステークホルダーからの信頼・安心という"結晶"となって積み重なる．

●第7ステップ　「良い会社」との評価と"企業ブランド価値の上昇"

　社会と企業の持続的発展を実現させるCSR活動は，その企業にとり，経営理念の実践であるとともに，社会との共生を実践することになる．こうして，ステークホルダーからの共感と信頼を呼び起こすことが，「良い会社」との評価を得て"企業ブランド価値の上昇"になると確信する．

4.5 ステークホルダーからの信頼の構築

(1) 基本的なCSR活動と経営戦略的なCSR活動

企業は，社会と企業の持続的発展を目指して，各ステークホルダーに対してさまざまなCSR活動を展開する．その結果，ステークホルダーからの信頼が構築されることになる．CSRは，「企業（Corporate）とステークホルダー（Stakeholders）との関係（Relation）とも捉えられる．」[*12]との意見のように，企業とステークホルダーがそれぞれの立場を生かして，協調し，一体になってCSRを推進することが期待されている．

そのためには，企業としては，基本的な当たり前のCSR活動と，より経営戦略的なCSR活動とを統合化，体系化して推進することが大切である．

まず，基本的な当たり前のCSR活動としては，コンプライアンス・企業倫理やコーポレート・ガバナンスの実践，企業独自の差別化された良質な品質の製品・サービスの提供，雇用の確保と働きやすい環境の整備，適正な利潤の獲得と配当や納税等があげられる．

次に，経営戦略的なCSR活動としては，環境問題への対応，情報開示と説明責任，メセナ，フィランソロピーなど，自社独自の社会貢献活動などがあげられる．

ステークホルダーからの信頼による企業の持続的発展のためには，これまで個別の部署が実践していたCSR活動を，企業としての統合化，体系化して経営戦略に組み込むことが不可欠である．こうしたCSR活動は，社会から支持され，信頼されるような新鮮で印象に残るものとなる．

[*12] 経済産業省（2004）『「企業の社会的責任（CSR）に関する懇談会」中間報告書』p.46，経済産業省

(2) 社会から信頼され尊敬される企業を目指して

社会から信頼され，尊敬される企業を目指すためには，これらを支える重要な柱として，CSR憲章と行動基準の見直し，人材の育成，地球環境問題への真剣な取組みの3つが欠かせない．

●第1　CSR憲章の策定と行動基準の見直し

既にリコーが「CSR憲章」を策定し，「リコー行動規範」を見直し，「リコーグループ行動規範」を新たに策定し，グループ全体で実践している．また，松下電器も「松下電器行動基準」にCSRの視点を組み入れて見直し，「松下グループ行動基準」を策定したうえで，グローバルに実践している．

このように，企業の創業の精神，経営理念をはじめ，社会の変化への対応を踏まえて，CSR憲章と行動基準を見直すことは，経営トップのリーダーシップのもとに行われ，全社挙げてのCSR活動につながる．このような企業姿勢が，「誠実な企業」「信頼に値する企業」のイメージとなって，結実する．

●第2　人材の育成

わが国には，「モノづくりは人づくり」という名言がある．製造現場におけるモノづくりの大切さを適切に物語っていることに加えて，人材こそが，持続的発展と企業価値を増大させる会社の貴重な財産であることを，示している．

企業としては，存続のためにリストラクチャリングの実施，目先の利益のために人権を無視するような労働環境の放置，「会社のため」との名目で法令違反，不正行為の黙認という事例が伝えられている．このような人づくりに反する行為は，CSR活動の価値を失わせ，持続的発展を阻害するものとなる．CSR体制といった組織や制度があっても，これを生かすのは"ヒト"であり，いかに人材を育成し，企業活動に役立てられるかが，古くて新しい課題である．

●第3　地球環境問題への真剣な取組み

「CSRの本質は何かと問われれば，「地球環境の保全，すなわち生物多様

性の保護，生態系の維持である」と，究極の答えは明確である」との見解がある*13．

この地球は，ただ一つしかない．人間は，将来とも，このかけがえのない地球に住むことになる．次世代に引き継ぐ地球環境保全は，企業のみならずわれわれ一人ひとりの地球市民としての重大な使命である．

(3) ステークホルダーから信頼される企業への大きな歩み

CSRの推進は時代の潮流となり，社会からの強い要請となっている．企業は，それぞれの経営資源の制約のもとで，社会と企業双方の持続的な発展を目指して，経済・環境・社会の分野における諸問題について，ステークホルダーとの対話を通じて，バランスと調和のある誠実な企業活動を行うことにより，ステークホルダーからの信頼を得ることにある．

したがって，企業は，ステークホルダーとの対話に基づいた対応により，相互に「ウィン–ウィンの関係」を作り上げることが，成功の鍵となる．ステークホルダーと企業が，共に持続的な発展を目指して，企業が地道で積極的なCSR活動を継続するという"大きな歩み"が，ステークホルダーからの信頼を得て，社会から存続を望まれる"誠実な良い企業"として発展する道である．

---

*13 岡本享二（2004）『CSR入門』p.193, 日本経済新聞社

参考文献

1) 斎藤槙（2000）『企業評価の新しいモノサシ』生産性出版
2) エイミー・ドミニ著，山本利明訳（2002）『社会責任投資』木鐸社
3) 高巌他共著（2003）『企業の社会的責任　求められる新たな経営観』日本規格協会
4) 経済同友会（2003）『「市場の進化」と社会的責任経営—企業の信頼構築と持続的な価値創造に向けて—』経済同友会
5) 経済同友会（2004）『日本企業のCSR：現状と課題』経済同友会
6) 谷本寛治編著（2003）『SRI　社会的責任投資入門』日本経済新聞社
7) 矢野友三郎，平林良人（2003）『新　世界標準ISOマネジメント』日科技連出版社
8) 秋山をね，菱山隆二（2004）『社会的責任投資の基礎知識』岩波書店
9) 水尾順一，田中宏司編著（2004）『CSRマネジメント〜ステークホルダーとの共生と企業の社会的責任〜』生産性出版
10) 日本規格協会編（2004）『CSR　企業の社会的責任　事例による企業活動最前線』日本規格協会
11) 清水克彦（2004）『社会的責任マネジメント』共立出版
12) 足達英一郎・金井司（2004）『CSR経営とSRI　企業の社会的責任とその評価軸』金融財政事情研究会
13) 斎藤槙（2004）『社会起業家　社会責任ビジネスの新しい潮流』岩波書店
14) 中央青山監査法人編（2004）『CSR実践ガイド　内部統制から報告書作成まで』中央経済社
15) 谷本寛治編著（2004）『CSR経営』中央経済社
16) 笹本雄司郎（2004）『CSRの心』第一法規
17) 森哲郎（2004）『ISO社会的責任（SR）規格はこうなる』日科技連出版社
18) 高巌・日経CSRプロジェクト編（2004）『CSR　企業価値をどう高めるか』日本経済新聞社
19) 小野桂之介（2004）『CSR入門』日本規格協会
20) 岡本享二（2004）『CSR入門』日本経済新聞社
21) 田中宏司（2005）『コンプライアンス経営[新版]〜倫理綱領の策定とCSRの実践〜』生産性出版

索　引

＜A-Z＞

CSR　19, 21
　——委員会　97
　——委員会及び推進専門部署併設　97
　——会計　36
　——活動の評価　107
　——憲章　82
　——コミュニケーション　47
　——推進専門部署　97
　——推進体制　96
　——報告書　103
　——マネジメント　82
　——マネジメント体制　104
GRIガイドライン　104
ISO　53
NGO　78
NPO　78
OECDの「多国籍企業ガイドライン」　51
PDCAサイクル　34
SRI　109
SR規格　55

＜あ＞

新しい経営観　117
アンケート調査　61
委員会等設置会社　91
ウィン-ウィンの関係　124
エコファンド　36
エンゲージメント　46
欧州委員会　49

＜か＞

ガイドラインドキュメント　55
外部ステークホルダー　42
株主行動　110
株主総会　94
株主代表訴訟　94
環境経営　68
環境綱領　24
環境・社会報告書　103
環境破壊　70
環境報告書　103
環境マネジメント規格　53
監査委員会　91
監査・モニタリング　61
監査役　93
　——会　93
　——設置会社　91
企業行動憲章　34
企業組織の内部ステークホルダー　42
企業統治　62
企業の社会的責任　17
企業不祥事　19
企業ブランド価値　119
企業文化　84

企業理念　22
企業倫理委員会　89
基本的CSR　24
基本的なステークホルダー　42
教育・研修プログラム　59
強制労働　70
京都議定書　68
グローバリゼーション　19
経営トップのリーダーシップ　82
　　——とコミットメント　58
経営理念　22
経済同友会の取組み　33
行動基準　59
　　——誓約書（確認書）　86
コー円卓会議・企業の行動原則　51
コーポレート・ガバナンス　62
国際標準化機構　53
国際労働機関　54
国連グローバルコンパクト　51
国連の「世界人権宣言」　71
個人情報　114
コミュニティ投資　110
コンプライアンス　57
　　——委員会　89
　　——監査　89
　　——・企業倫理担当部署　88
　　——経営　39
　　——担当役員・責任者　87

＜さ＞

財務情報　112
サステナビリティ　29
　　——レポート　103
サプライチェーン・マネジメント　34
3R　67
自主的取組み　34
自浄システム　84
持続可能性　29
持続的発展　29
執行役員　92
児童労働　70
指名委員会　91
社会から信頼され尊敬される企業　123
社会・環境報告書　103
社会貢献活動　78
社会的責任投資　109
社外取締役　92
社会の公器　73
社是・社訓　22
社風　84
循環型社会　19
順守体制　59
消費者重視　75
情報開示　84
人権　71
人事考課　90
ステークホルダー　41
　　——との対話　121
　　——・マネジメント　38
　　——・ミーティング　47
誠実な企業　123
製品・サービスの安全性　74
説明責任　84
善管注意義務　92
戦略的CSR　24

<た>

ダイアログ　46
第三者認証　54
第2次的なステークホルダー　42
地球環境保全　66
知的財産情報　114
忠実義務　92
適正な利潤　121
取締役　92
　──会　92
トリプル・ボトムライン　31

<な>

内部監査　100
日本経団連の取組み　33
ネガティブ・スクリーニング　110
年次報告書　112

<は>

発展途上国　54
非財務情報　112
非政府組織　78
品質マネジメント規格　53
フィランソロピー　78
フォローアップ体制　59
ブランド　119
報酬委員会　91
法令順守　57
法令等順守　57
ポジティブ・スクリーニング　110
ボランティア休暇制度　79

<ま>

マッチング・ギフト資金支援制度　79
マルチ・ステークホルダー　49
民間非営利組織　78
メセナ　78

<や>

良い会社　121
良き企業市民　77

<ら>

リサイクル　67
リデュース　67
リユース　67
倫理綱領　59
倫理ヘルプライン　61
労働　72

著者略歴

田中　宏司（たなか・ひろじ）

1959 年	中央大学第 2 法学部卒業
1968 年	中央大学第 2 経済学部卒業
1954〜90 年	日本銀行，国際金融，金融政策，銀行考査等を担当
1970 年	米国ミシガン州立大学へ日本銀行から派遣留学
1990〜95 年	ケミカル信託銀行で，バイス・プレジデント，コンプライアンスオフィサー等歴任
2002〜06 年	立教大学大学院経済学研究科教授 （高千穂大学，早稲田大学大学院等の非常勤講師を歴任）
2008〜13 年	東京交通短期大学学長・教授

現在，経営倫理実践研究センター特別首席研究員，東京交通短期大学名誉教授

＜主な委員会活動等＞

1998 年	経営倫理実践研究センター主任研究員，理事・首席研究員
2002 年	雪印乳業「企業倫理委員会」社外委員，2006 年退任
2003 年	早稲田大学「企業倫理研究所」客員研究員，2010 年退任
2001 年	内閣府「国民生活審議会」臨時委員（自主行動基準検討委員会委員）
2003 年	内閣府「消費者重視経営の評価基準研究会」委員長
2003 年	経済産業省・NACS「消費者志向マネジメントシステム　エグゼクティブ・コミッティ」委員
2002 年	経済産業省・日本規格協会「CSR 標準委員会」「ISO/SR 国内委員会」委員，現在に至る
2004 年	内閣府「公益通報者保護法に関する民間事業者向けガイドラン研究会」委員長，など

＜主な著書＞

『コンプライアンス経営［新版］〜倫理綱領の策定と CSR の実践〜』（生産性出版，2005 年）
『コンプライアンスと企業文化を基軸としたやわらかい内部統制』（編著，日本規格協会，2007 年）
『CSR とコーポレート・ガバナンスがわかる事典』（共著，創成社，2007 年）
『経営倫理用語辞典』（共著，日本経営倫理学会編，白桃書房，2008 年）
『実践！コンプライアンス〜基礎からわかる〜』（PHP 研究所，2009 年）
『私たちのコンプライアンス』（DVD，監修，PHP 研究所，2010 年）
『渋沢栄一に学ぶ「論語と算盤」の経営』（編著，同友館，2016 年）
『企業の社会的責任と人権〜国際的視点と企業の役割〜』（人権教育啓発推進センター，2017 年）

CSR 入門講座　第 1 巻
CSR の基礎知識

2005 年 5 月 31 日　　第 1 版第 1 刷発行
2024 年 4 月 12 日　　　　　　第 9 刷発行

著　者　田中　宏司
発行者　朝日　　弘
発行所　一般財団法人　日本規格協会
　　　　〒108-0073　東京都港区三田 3 丁目 13-12　三田 MT ビル
　　　　https://www.jsa.or.jp/
　　　　　　振替　00160-2-195146
製　作　日本規格協会ソリューションズ株式会社
印刷所　三美印刷株式会社

権利者との協定により検印省略

© Hiroji Tanaka, 2005　　　　　　　　　Printed in Japan
ISBN978-4-542-70150-2

● 当会発行図書、海外規格のお求めは、下記をご利用ください．
　JSA Webdesk（オンライン注文）: https://webdesk.jsa.or.jp/
　電話：050-1742-6256　E-mail：csd@jsa.or.jp

図書のご案内

CSR イニシアチブ
～CSR 経営理念・行動憲章・行動基準の推奨モデル～
【英訳付き】
CSR INITIATIVE
～CSR Management Philosophy, Charter of Conduct and Code of Conduct～

水尾順一・田中宏司・清水正道・蟻生俊夫　編
馬越恵美子・昆　政彦　監訳
日本経営倫理学会 CSR イニシアチブ委員会　著

A5 判・160 ページ　　定価 1,540 円（本体 1,400 円＋税 10％）

主要目次
推薦のことば
まえがき
CSR イニシアチブ委員会

CSR イニシアチブ作成の経緯及び概要
序文
1. CSR 経営理念
2. CSR 行動憲章
3. CSR 行動基準（合計 250 の行動基準）
4. CSR イニシアチブの活用にあたって

CSR イニシアチブ
　～CSR 経営理念・行動憲章・行動基準～
CSR 経営理念
CSR 行動憲章
CSR 行動基準
　Ⅰ.消費者／Ⅱ.取引先／Ⅲ.従業員／Ⅳ.株主・投資家／Ⅴ.地域社会・地球環境／Ⅵ.競争社会／Ⅶ.マスメディア／Ⅷ.行政／Ⅸ.NPO/NGO／Ⅹ.国際社会
参考文献・資料
賛同組織・団体一覧

コンプライアンスと企業文化を基軸とした
やわらかい内部統制

水尾順一・田中宏司・池田耕一　編
日本経営倫理学会 CSR イニシアチブ委員会　著

A5 判・188 ページ　　定価 2,200 円（本体 2,000 円＋税 10％）

主要目次
推薦のことば／まえがき
序章　ビジョン実践型リーダーによるソフトパワーの内部統制
第1章　強いリーダーシップとやわらかい内部統制
　1.1　内部統制における経営トップのリーダーシップ
　1.2　ボトムアップで進める草の根の内部統制
第2章　内部統制の新しい潮流
　2.1　内部統制が求められる背景
　2.2　主な内部統制の枠組み
　2.3　"やわらかい内部統制"とは何か
第3章　内部統制の基盤となるコンプライアンス
　3.1　改めて，コンプライアンスとは何か
　3.2　コンプライアンスマネジメントシステム
　3.3　コーポレートガバナンスとコンプライアンス
　3.4　リスクマネジメントとコンプライアンス

第4章　コンプライアンスを基軸とした内部統制
　4.1　内部統制の理念と構造
　4.2　各種法令が求める内部統制の概要と対象ステークホルダー
　4.3　ステークホルダーとの対話に向けて
第5章　企業文化を基軸とした内部統制
　5.1　従業員が形成する企業文化の重要性
　5.2　企業文化が支える働きがい
　5.3　めざす企業文化の醸成
　5.4　企業文化と社会との共鳴
第6章　社会に信頼される企業経営
　6.1　社会と企業の変化
　6.2　ブランドとガバナンス
　6.3　社会と共生する企業
終章　やわらかい内部統制の評価基準
参考文献／索引

日本規格協会

https://webdesk.jsa.or.jp/

図書のご案内

CSR 入門講座 全5巻
第1巻
CSR の基礎知識

松本恒雄 監修／田中宏司 著
A5 判・130 ページ
定価 1,430 円（本体 1,300 円＋税 10%）

CSR 入門講座 全5巻
第2巻
推進組織体制を構築する

松本恒雄 監修／森 哲郎 著
A5 判・142 ページ
定価 1,430 円（本体 1,300 円＋税 10%）

CSR 入門講座 全5巻
第3巻
CSR レポートを作成する

松本恒雄 監修／後藤敏彦 著
A5 判・124 ページ
定価 1,430 円（本体 1,300 円＋税 10%）

CSR 入門講座 全5巻
第4巻
CSR 会計を導入する

松本恒雄 監修／倍 和博 著
A5 判・140 ページ
定価 1,430 円（本体 1,300 円＋税 10%）

CSR 入門講座 全5巻
第5巻
社会的責任投資（SRI）の基礎知識

松本恒雄 監修／水口 剛 著
A5 判・104 ページ
定価 1,430 円（本体 1,300 円＋税 10%）

日本語訳
ISO 26000:2010
社会的責任に関する手引

ISO/SR 国内委員会 監修
A5 判・292 ページ
定価 4,950 円（本体 4,500 円＋税 10%）

やさしいシリーズ 13
CSR 入門

小野桂之介 著
A5 判・94 ページ
定価 990 円（本体 900 円＋税 10%）

企業の社会的責任
求められる新たな経営観

高 巌・辻 義信・Scott T. Davis・瀬尾隆史・久保田政一 共著
B6 判・208 ページ
定価 1,430 円（本体 1,300 円＋税 10%）

CSR 企業の社会的責任
事例による企業活動最前線

日本規格協会 編
A5 判・336 ページ
定価 2,530 円（本体 2,300 円＋税 10%）

やさしい CSR イニシアチブ
取組みガイドと 53 事例

水尾順一・清水正道・蟻生俊夫 編
日本経営倫理学会・CSR イニシアチブ委員会 著
A5 判・254 ページ
定価 2,860 円（本体 2,600 円＋税 10%）

日本規格協会　https://webdesk.jsa.or.jp/